VALENTINA VAPAUX

GENERATION

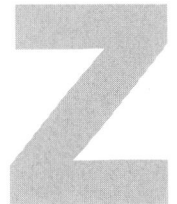

Zwischen Selbstverwirklichung,
Insta-Einsamkeit und der Hoffnung
auf eine bessere Welt

INHALT

für mein jüngeres selbst

sans titre

last night in paris
and I can see the
nightlights
illuminating dusty
clouds
and the towers
beam

in the tiny studio
on the eighth floor
which reminds me
of the twelfth
and the seventh
and the third

but also not at all
because clarity is
missing
on horizon's edge
over hospital beds
over dirty rivers
but
clarity has persisted
in my puff-white head

always chasing high
rise buildings
and rising high
hopes
for a better future
for a better me

INTERNET

digit liar

click press pause rewind
you have never left my mind
I asked so many times in vain
who are you, my turned off
digit liar

I danced through blurry pics
of pain
just to unlock an embezzled
amplifier
between those tiny spaces of
desire
lies you, a sought out version
of my damned off digit liar

leaked data overload
conversion
drowned in pools like a virgin
break down a blister pack

I hate the interface
and what you hold back
when I click face-to-face

casino dreams worsen
my space race
I keep a folder for your
disgrace
left click right in colon:
mental case
please delete my electronic
database
shoot me into planetary
outerspace

MENSCHEN UNTER WOLKEN

Heute habe ich an dich gedacht. Ich wollte dir sagen, dass ich dich vermisse. Aber nicht auf eine Wir-waren-einmal-verliebt-ineinander-, sondern auf eine Du-warst-mein-bester-Freund-und-jetzt-weiß-ich-nicht-mehr-wer-ich-bin-Art.«

»Ich weiß, was du meinst. Ich vermisse dich auch.«

Es fällt auf dich und zerdrückt dich. Aber es fühlt sich nicht danach an. Weil du so leer bist und so fucking schwer. Jede Bewegung fühlt sich an, als würdest du ein unerträgliches Gewicht hochheben. Du weißt nicht, was du tun sollst, wohin du gehen sollst. Du fühlst dich einsam. Auf eine Art ist es so, als würdest du gar nichts spüren, als würde nichts etwas bedeuten. Aber da ist dieser Drang, etwas zu spüren. Ist es nicht seltsam, dass Leere so schmerzhaft ist?

Ich sehe sie an, wie sie in ihrem Pulli versinkt. Wir knien auf der Schultoilette in der Kleinstadt und wiegen Drogen ab. Hinter ihren Augen liegen Glassplitter. Sie reflektieren das industrielle Licht der alten LED-Lampen. Mit ihr ist alles anders.

Wo beginnen Geschichten? Und wo hören sie auf? Tage sind vergangen, geschmolzen wie brauner Schnee.

In warmer Dunkelheit unter Stuck in Westberlin flüstert er: »Ich glaube, du suchst etwas. Und weißt vielleicht selbst nicht, was.«

Ummantelt von einer Melancholie, die mich seit dem Tag in der Abflughalle nicht verlassen hat, nicke ich stumm. Nach Monaten unter einer Taucherglocke habe ich gefunden, wonach ich gesucht habe. Das ist, glaube ich, das Problem. Nun stehe ich in einem weißen Raum und mir wird klar, dass ich das, was ich so sehr brauche, einfach nicht bekommen kann. Vor mir liegt das leere Wissen darüber, dass all das Glitzernde, Funkelnde, das noch kommen wird, nur Blattgold ist.

Eigentlich will ich das gar nicht. Den hohlen Raum betrachten, der in mir liegt. Es ist so zermürbend, ein mir sehr bekanntes und doch so unbeschreibliches Gefühl anzuschauen und immer und immer wieder in meinen Händen umzudrehen.

Es war nichts. Nur einige leise Worte, zwischen Hunderten von Häusern und Tausenden Wohnungen mit noch viel mehr Menschen. Und jeder von ihnen atmete, begann zu atmen, hörte auf zu atmen. Sie dachten und kochten und schwiegen. Und in mir zerbrach etwas. Ein kleines, dünn gesponnenes Seil war dort gewesen, wo die Scherben liegen. Kein großer Bruch am Boden, nur ein einziges Glas in einer endlosen Vitrine. Ich wusste, ich hatte schon Schlimmeres erlebt. Kronleuchter waren zerkracht und ich stand immer noch auf den Schienen in Ostberlin.

Aber so sehr ich mich auch dazu zwang, alles abzutun und mir zu sagen, dass sie nur eine von vielen war, bloß ein weiterer Name auf einer grotesk genauen Liste auf meinem Bildschirm – ich glaubte mir selbst nicht.

Der Wind war wieder kalt und ich spürte meine Knochen zittern. Mechanisch stieg ich aus der U-Bahn und lief über die Warschauer Brücke. Der Fernsehturm leuchtete, schaffte es heute jedoch nicht, mich zu retten. Ich sah aus wie ein alter Herr in einem zu kleinen, zu schmalen Körper. Die Schulterpolster meines Jacketts standen ab wie die Hörner eines Stieres im August. Meine pechschwarzen Haare wehten im eisigen Wind. Ich war endlich wieder dunkel und gefährlich. Nur mein Inneres war schwach und geleeartig wie der Dotter von pochierten Eiern.

Müsste ich den Schmerz beschreiben, würde er aussehen wie eine negative Parabel. Erst ist alles ganz in Ordnung. Du lebst und erfreust dich, du bist genervt und manchmal traurig. Alles läuft auf einer Ebene. Du gleitest sanft durch dein Koordinatensystem und nichts passiert. Doch plötzlich verändert sich etwas. Neue Funktionen, neue Graphen. Du schießt nach oben und bist nervös, wenn du sie vor dir siehst. Spielend ziehst du sie in deine Welt. Bis sie sich fallen lässt und du am Höhepunkt ankommst. Oben glitzert alles. Du atmest Euphorie und alles scheint endlos zu fließen. Die Sonne steht über Berlin und du hältst ihre Hand. Alles könnte so bleiben. Doch du weißt, dass Kostbarkeit durch ihre Endlichkeit bestimmt ist.

Wochen später stehst du unter dem Türrahmen beim bunten Park. Du willst sie küssen und sie schreckt zurück. Die Distanz zwischen euch klafft wie felsige Abgründe im Himalaja. Sie will dich nicht, weil du nicht bist wie sie.

Du gehst, blickst nicht zurück und merkst, wie du langsam runterfällst. Wie die Strahlen auseinanderfallen und dein Körper sticht. Irgendwie bist du leer und wütend auf dich selbst. Du hättest dich nicht öffnen sollen.

Zwei Jahre später liegst du in der Altbauwohnung in der dunklen Stadt. Draußen fliegen mikroskopisch kleine Partikel durch die Luft, die die ganze Welt zum Stillstand bringen. Ich laufe durch den Regen und setze mich mit nassen Haaren auf einen Sessel. Der Geruch des Raumes erinnert mich an etwas, doch ich kann es nicht zuordnen. Vor mir sitzt eine runde Frau, sie sieht aus wie eine Eule. Ich mag sie.

Ein paar Tage später halte ich einen Brief in der Hand. Auf welkem Papier steht dünn gedruckt: »Rezidiv Depression, mittelschwere Episode.«

Ich bin rückfällig geworden. Die Ausweglosigkeit meiner Situation lässt mich in alte Muster verfallen, schon vor die Tür zu gehen, kostet Kraft. Was soll ich da? Vor geschlossenen Läden stehen, in gerade so geöffnete Restaurants gehen, mit Freunden, die ich nicht habe. Erwachsenwerden ist für mich eine Treppe abwärts.

»Ich glaube, Social Media macht uns depressiv.« Meine Augen schmerzen. Ich habe gestern zu viel gekokst.

»Ja, da hast du recht, das merken auch wir Psychologen. In gewisser Weise leisten wir die Gegenarbeit zu dem, was online passiert«, sagt sie hoffnungsvoll und zugleich erschöpft.

»Ich bin ein Teil davon, Teil eines zerstörerischen Systems.« Wie soll ich die Ambivalenz, die in mir liegt, in Worte fassen?

»Fühlst du dich schuldig?« Sie schaut mir in die Augen und ich weiche aus, raus aus dem Fenster.

»Ja.«

Ein paar Wochen später fragt sie mich nach meiner moralischen Erziehung. Sie sieht, dass ich immer wieder zwischen Abgründen hänge. Dass sich kein größerer Sinn und keine Richtung in meinen Gedanken formen. Ich beantworte die Frage: Meine

Mutter versuchte, mir ihr christlich-mexikanisches Regelwerk aufzuerlegen. Mein Vater hatte eine klare Linie, wenn es um das Lügen ging. »Das hat auf mich nicht wirklich Eindruck gemacht. Ich habe mich dem irgendwie so bedenkenlos widersetzt. Ich habe viel gelogen.« Ich spreche von den zwei unterschiedlichen Bildern, die es von mir gibt.

»In meinem Umfeld war das anders, es gab nicht wirklich Regeln für Richtig und Falsch. Ich war oft bei Freundinnen, die alles durften. Gutes Benehmen, Freundlichkeit, Empathie, das war nie für einen Gott oder eine abstrakte Vorstellung von Gesellschaft. Es war nur für einen selbst.« In meinem Kopf setze ich eine Notiz: *Irgendwann mal was über Individualismuskritik schreiben.*

»Du sagst Sachen, die ich ganz oft sehe. Eure Generation ist frei von moralischen Grenzen, ihr müsst euch nicht an irgendeiner Art von bürgerlicher oder religiöser Moral orientieren. Der Leitspruch eurer Generation ist: Alles ist erlaubt und richtig, solange es aus dir selbst kommt. Dabei wissen wir oft gar nicht, was wir wollen, wir können es auch nicht immer. Wir haben widersprüchliche Bedürfnisse und sind mit den endlosen Möglichkeiten überfordert.«

Eine moderne Diagnose, die eigentlich schon ziemlich alt ist. Entfremdung, Überforderung, die kalte Großstadt, Einsamkeit und *Gott ist tot*. Ich denke an die Gedichte des Expressionismus, die ich vor zwei Jahren so gern las. In einer Gedichtanalyse über Georg Trakls Gedicht »De profundis« schrieb ich: »Die empirische Glücksforschung geht heute davon aus, dass Glaube von hoher Bedeutung für die Glückseligkeit der Menschen ist. Ein Verlust von Glauben, wie er in der Moderne häufig vorzufinden ist, löst ein Bezugsvakuum für den Menschen aus. Es existiert kein offensichtlicher transzendenter Sinn mehr und der Mensch fühlt sich dadurch oft verloren.«

Aber was ist dieser Sinn? Gibt es den überhaupt?

Der moderne Mensch verspürt immer mehr eine Überforderung und Ohnmacht angesichts der Komplexität der Welt, ihrer Probleme und der Bedeutung des Einzelnen in ihr. Vor allem Menschen in den Metropolen des 21. Jahrhunderts tendieren dazu, diese Gefühle verstärkt wahrzunehmen. In einer Welt voller Menschenmassen, endloser technischer Möglichkeiten und von übertriebenem Materialismus stellen sich viele die Frage nach dem Sinn des Lebens. Es entsteht eine enorme Kluft zwischen der faktischen Austauschbarkeit des Einzelnen und dem in westlichen Gesellschaften zelebrierten, oft über alles gestellten Individualismus.

Die Frage, ob und inwiefern unser Leben jedoch von Bedeutung ist, ist aufgrund der Säkularisierung und der Vielfalt an Lebensphilosophien und politischen Ideologien allgemein nicht mehr zu beantworten. Im Ursprung war sie dies auch nie, jedoch haben Autoritäten in der Vergangenheit die Frage und somit auch deren Antwort für sich beansprucht und damit über das Leben anderer Menschen bestimmt. Heute ist es Leid und Erleichterung zugleich, dass wir diese Frage für uns ganz allein beantworten müssen.

Ich habe überhaupt keine Lust, über den Sinn des Lebens nachzudenken. Das macht nur mit 15 angetrunken auf Hügeln in trostlosen Vorstädten beim Sonnenuntergang Spaß. Jetzt ist das alles irgendwie so ernst und wichtig geworden, ein Framework für sein Leben zu haben. Ich bin glücklich darüber, dass ich in einer Zeit aufgewachsen bin, in der ich ich sein *durfte*. Aber ich frage mich auch, was ist heute anders? Warum fühle ich mich so? Sind das nur meine eigenen unbedeutenden Probleme oder vielleicht Symptome einer ganzen Generation?

Ich spreche mit vielen Menschen und trotz der unterschiedlichen Nuancen und Wahrnehmungen entsteht ein klares Bild, wir sind eine in uns selbst gespaltene Generation.

Auf einer dünnen Metalltreppe im fünften Stock über der Spree betrinke ich mich mit Marketing-Millennials.

»Ihr seid als Generation so cool. Ihr seid confident, accepting und stark nach außen, ihr könnt so über alles reden, Mental Health, Body Positivity, Masturbation, Trans, Gay, alles. Wir konnten das nicht, das war irgendwie tabu oder zumindest unhöflich.« Unter den DDR-Bauten in Ostberlin sagt eine Freundin: »Wir sind einfach alle fucking depressed.«

Menschen schreiben mir ihre Gedanken zur Generation Z: »Wir haben einen starken Drang zum Individualismus und sehen trotzdem alle gleich aus.« »Kinda broken but still goin' strong.« »We can relate to everything yet so many of us are misunderstood.« »A (sad) generation with happy pictures.«

Einerseits wirken wir frei und selbstbewusst, wir haben alle Möglichkeiten, wir sind politisch aktiv und streben eine bessere Welt an. Aber in uns ist nicht alles, wie es nach außen scheint. Die endlosen Möglichkeiten in jedem Lebensbereich überfordern uns, wir sind orientierungslos, einsam und vergleichen uns mit unrealistischen, unerreichbaren Idealen. Psychische Krankheiten, vor allem Angststörungen und Depressionen, wie ich sie beschreibe, sind die Krankheiten unserer Generation.

Es ist, als würden wir unter einer Wolke schweben, die durchzogen ist von der Hoffnung auf eine bessere Welt, auf ein besseres Ich. Sie ist voller Versprechen, Möglichkeiten und Wege, doch sie führt uns auch zu unseren größten Ängsten und in eine tiefe Einsamkeit. Die Wolke, die die Lebenszeit unserer gesamten Generation lückenlos einschließt, ist Verheißung und Verdammnis zugleich: das Internet.

LAS VEGAS BLINKT AUCH NACHTS UM VIER

Ich stehe vor der riesengroßen Slotmaschine und ziehe den Hebel. Bilder flattern an meinem Auge vorbei. Kleine Spritzen tanzen über meine Haut. Sie stechen sanft und ich spüre sie kaum. Ich merke nur, wie mein Körper taub wird und die Zeit gefriert. Es klingelt, rollt und rauscht. Ich ziehe und ziehe und ziehe. Aus der kleinen Öffnung kommen goldene Münzen. Ich glaube, ich bin gerade frei. So lange, bis die Nadeln zu Boden fallen und eine Leere in mir entsteht.

Kraftlos richte ich mich auf und setze mich woandershin im bunten Raum. An dem Automaten blitzen Videos auf. Zitternde Informationen wanzen sich an mich ran. Und verschwinden wieder. Ich muss wissen, was als Nächstes passiert. Dunkle Partys. Schöne Oberflächen. Teure Stoffe. Ich ziehe schon wieder am Hebel.

Für einen Augenblick glaube ich, dass ich erlebe, was ich sehe. Doch die Bilder sind wie Nieselregen auf meinem Gesicht und vor der Tür tobt ein Sturm. Eigentlich will ich rausgehen und im Regen tanzen. Doch die Halle ist hell erleuchtet von den blinkenden Lichtern der Automaten. Es ist so einfach, auf dem roten Samtsessel zu sitzen und weiterzuspielen.

Mein Münzsack ist inzwischen voll. Ich hebe ihn auf und nehme eine in die Hand. Die Münze verfärbt und verformt sich. In meiner Hand liegt nur noch ein Klumpen Dreck.

Wir treffen uns vor hochgewölbten Galerien. Vor Designer-Sushi-Studios. Wir stehen auf Hügeln, fühlen uns ganz klein. Manchmal sitzen wir einfach nur so da, beieinander. Ein bisschen Wein unter einer Sternenlichtlampe. Wir reden dann so für zwanzig Minuten. Jemand checkt nur kurz die Nachrichten. Um sie entsteht eine Glasmauer. Sie ist nicht mehr anwesend. Die Konversation stagniert. Soll ich über das Wetter reden? Oder irgendwelche Gefühle stammeln? Wie kann ich die Energie im Raum am Leben halten? Mein Finger gleitet über eine Glashülle nach oben. Scrollen ist wie eine kurze Befreiung, eine Pause von der Welt. Plötzlich ist es still, irgendwo läuft nur scheppernder, alter SoundCloud Rap. Ich blicke nach oben und sehe, wie wir alle irgendwie woanders sind. Ich weiß nicht, wie viele Minuten vergangen sind. Shit, meine Bildschirmzeit geht hoch. Demonstrativ knalle ich mein Handy auf den Tisch.

»So, lasst uns jetzt doch kochen!« Rausgehen, lachen, trinken, rennen. Eigentlich scheißegal. Hauptsache, nicht stumm voreinandersitzen.

Es ist ja auch nicht so, als würden wir uns nicht mögen oder als hätten wir uns nichts zu erzählen. Wir sind nicht mal zwanzig und alles fühlt sich wie der fucking Weltuntergang an. Egal, ob da draußen die Welt wirklich untergeht oder ob es *nur* die unfassbare Wucht unserer Gefühle ist. Aber das machen wir jetzt gerade nicht. Es kostet Kraft und Kraft ist kostbar. Scrollen ist so einfach, leben viel zu schwer.

SOCIAL-MEDIA-SUCHT
IST PROFITABEL

Von Psycholog:innen und Steinzeitfeuilletonist:innen wird Generation Z gern als iGen, Generation Selfie oder als Zoomers bezeichnet. Dazu muss man eigentlich gar nichts sagen. Es ist sehr unterhaltsam, Artikel zu lesen, die Titel wie »Leben für die Likes« tragen und dann mit Sätzen beginnen wie: »Selfies sind zu einer Selbstverständlichkeit geworden. Sie werden im Netz geteilt und geliked. Um aber möglichst viele digitale Herzen zu erobern, müssen die Schnappschüsse schon etwas hermachen.«[1]

Moin, Klaus, du hast es voll raus. Ich geh dann mal wieder rein ins Netz, paar Herzen erobern! Irgendwer ist vor einigen Jahren dann auch auf die bescheuerte Idee gekommen, dass Smombie *(I know, don't get me started)*, also Smartphone und Zombie, das Jugendwort des Jahres ist. Der Joke an dem Ganzen war aber, dass das Wort bis zu dem Zeitpunkt noch kein einziges Mal im Internet aufgetaucht war. Irgendein Kultur-Jürgen dachte sich wahrscheinlich, das sei absolut genial. Jugendkultur ohne Internet. Ja klar, let's go!

Texte von Boomern und Gen-X-Autor:innen zeigen, dass Welten zwischen den Generationen liegen. Die Sprache ist ganz anders, irgendwie ulkig. Vor allem wenn so von oben herab über »unsere« Themen geschrieben wird. Und trotz der klaffenden

Lücke und des mangelnden Diskurses haben Jürgen und Klaus und all die anderen irgendwie recht. Auch wenn ihre Analysen oft sehr eindimensional sind und wir mehr als stumpfe *Smombies* sind, so sind wir doch vor allem eins: fucking Social-Media-süchtig.

Die sozialen Medien können inspirierend und unterhaltend sein, doch sie machen uns auch oft traurig, einsam oder depressiv. Aber wie ist es möglich, dass eine ganze Generation, eigentlich sogar ein Großteil der Menschen, so stark von einem kleinen metallenen Ding abhängig geworden ist?

»Menschen sind soziale Wesen« ist so ein Satz, den man gern mal in eine Deutschklausur reindrückt, um schlauer zu wirken. Vielleicht passt er nicht in jede beliebige Dramenanalyse, aber er beinhaltet eine tiefere Wahrheit über uns. Wir brauchen andere Menschen, deren Präsenz, deren Anerkennung, deren Meinung und deren Halt, um zu überleben. In den sozialen Medien wollen wir genau diese Bedürfnisse befriedigen.

Der Neurowissenschaftler Dar Meshi war der Erste, der die Wirkung von sozialen Medien anhand eines MRT-Gehirnscans analysierte. Die Untersuchungen ergaben, dass Likes, Kommentare und Nachrichten das Belohnungssystem in unserem Gehirn aktivieren.[2] Evolutionsbedingt ist unser Körper darauf abgestimmt, lebenswichtige Handlungen wie Essen oder Sex als positiv zu empfinden, sodass wir diese immer und immer wiederholen möchten.

Was wir wollen, ist das Glückshormon Dopamin. Soziale Medien nutzen das Prinzip und basieren fast alle auf einem Instant-Gratification-System: Wir wollen sofortige Belohnung. Bei jedem

Like setzt unser Gehirn Dopamin frei und wird somit langfristig auf schnelle, kurzlebige Dopamin-Highs programmiert. Und davon braucht es dann immer mehr.

Wir sehen Instagram-Likes und TikTok-Views als Beweise für unsere Beliebtheit. Sie erfüllen unser Bedürfnis nach Anerkennung. Und dabei geht es vor allem um Quantität. Instagram und alle anderen sozialen Medien basieren auf Zahlensystemen, die unsere Popularität direkt messbar und vor allem vergleichbar machen. »Möglich gemacht wurde das alles durch Gamification, das Anwenden von aus Spielen bekannten Mechanismen auf reale Situationen und Herausforderungen.« Wir leben in einem riesengroßen Casino. Soziale Medien sind unsere Slotmaschinen und wir sind zu High-Score-Chasern von digitaler Aufmerksamkeit geworden.[3]

Aber warum ist das so? Warum haben die Mittzwanziger-Genies im Silikon Valley das genau so entwickelt? Das Ergebnis liegt eigentlich bereits im Aufbau und der Struktur der Programme und Apps, die uns heute so sehr prägen. Das Ziel von sozialen Medien wie Instagram, TikTok, Twitter, YouTube oder Tumblr ist, dass wir sehr viel Zeit auf ihnen verbringen. Das ist notwendig, um möglichst viele Daten über uns zu sammeln. Damit kann uns dann eine noch personalisiertere Werbung angezeigt werden, und die soll uns zu einer Kaufentscheidung inspirieren. Je mehr wir durch Social Media scrollen, desto mehr lernt der Algorithmus über unser Verhalten, unsere Wünsche, unsere Unsicherheiten und unsere Träume. Der Spätkapitalismus hat uns beigebracht, die kreisenden Gedanken mit Konsum zu stillen.

In der Frontline-Dokumentation »Generation Like« erklärt der Journalist Douglas Rushkoff: »Wenn ein Teenager online etwas liked, ein Produkt oder eine Marke oder einen Star, wird es Teil seiner Identität, die er dann auch (über seine Social-Media-Kanäle) in die Welt broadcastet. (...) Und die Jugendlichen dazu zu bringen, sich für etwas zu interessieren, ist ein großes Geschäft. Deshalb ist es für die Unternehmen so wichtig, dass die jungen Menschen online bleiben, klicken, liken und tweeten.«[4]

Jeder kennt das subtil gruselige Gefühl, über ein Produkt zu sprechen und es am nächsten Tag vorgeschlagen zu bekommen. Viele glauben, dass die sozialen Medien mithören und unsere Gespräche verarbeiten. Und das ist teilweise auch der Fall (Smart TV, Alexa etc). Jedoch sind das (noch) zu große Datenmengen, als dass die Werbeindustrie sie effizient nutzen könnte. Aber wie kann es dann sein, dass Instagram weiß, dass ein rosa Kühlschrank oder ein lila gefärbtes Spitzentop mich für einen Moment glücklich machen würde?

Wir werden nicht abgehört, der Algorithmus hat uns einfach nur in den Tausenden von Stunden, die wir dort verbracht haben, so gut analysiert und kennengelernt, dass er Produkte, die wir haben wollen, schon voraussieht, bevor wir selbst wissen, dass wir sie *unbedingt* brauchen.

DIE PSYCHISCHE KRISE

Die Teenager stehen kurz vor der ernsthaftesten psychischen Krise seit Jahrzehnten. Doch an der Oberfläche ist alles in Ordnung.«[5] Schreibt die Psychologin Dr. Jean M. Twenge in ihrem Buch »Me, My Selfie and I«. Sie gehört zu den bekanntesten Generationenforscher:innen und stellt ein umfassendes Porträt der Generation Z dar. Ein Kernthema ihrer Studien ist der Einfluss von sozialen Medien auf die psychische Gesundheit von Jugendlichen. Basierend auf großen Untersuchungen von Institutionen wie »Monitoring The Future« oder »YRBSS« (Youth Risk Behaviour Surveillance System) argumentiert sie, dass Jugendliche, die mehr Zeit online verbringen, unglücklicher sind als diejenigen, die mehr Zeit offline sind.[6] Das ist erst mal nicht so überraschend, zumindest für mich. Oft hat man so was irgendwie schon gelesen oder gehört – gestiegene Selbstmordraten bei Jugendlichen, überproportionale Bildschirmzeit und wie sie unsere Psyche direkt beeinflusst.

Trotzdem ist das schon irgendwie komisch, als Betroffene zu sehen, wie das eigene Leid auf so trockene, wissenschaftliche Art verkürzt dargestellt wird. Für Außenstehende mag das eine interessante Information sein. Aber was bringt das? Zu wissen, dass »Jugendliche, die mehr Zeit vor Displays verbringen, mit größerer Wahrscheinlichkeit depressiv (werden)«?[7]

Depressionen und Angststörungen entstehen nicht auf Instagram, doch sie werden dort verstärkt. »Mehr junge Menschen erleben nicht nur depressive Symptome oder ein Gefühl der Angst, sondern eine klinisch diagnostizierbare schwere Depression.«[8]

Studien und wissenschaftliche Erkenntnisse können uns aber auch helfen, denn sie können andere Menschen sensibilisieren und zum Nachdenken anregen. Psychische Krankheiten sind kein Zeichen von Schwäche – wir müssen sie ernst nehmen. Wenn man Husten hat, wartet man nicht, bis man zu hohes Fieber hat, bevor man ein Halsbonbon lutscht. Und genauso sollte es auch mit psychischen Krankheiten sein: dass man sich nicht erst Hilfe holt, wenn die Krankheit schon weit fortgeschritten ist.

Psychische Erkrankungen sind immer noch stigmatisiert und tabuisiert, Menschen zögern zu lange damit, einen Therapieplatz zu beantragen, weil sie denken, dass sie die Hilfe nicht verdient haben, oder weil sie sich dafür schämen. Offen darüber zu sprechen, kann dazu beitragen, das gesellschaftliche Bild von den Betroffenen zu verändern.

Vor allem in unserer Generation sind Angststörungen und Depressionen viel mehr akzeptiert als in anderen Bevölkerungsgruppen. Das liegt einerseits an gezielter Aufklärung und Enttabuisierung in den sozialen Medien, andererseits aber auch an der Meme-Kultur. Ein Teil von Social Media lebt und atmet von Memes über *Depression and Anxiety:* »I forgot you can't make depression jokes outside of twitter lmao my coworker was like ›you ready for this year to be over?‹ I was like ›I'm ready for this life to be over.‹ He was like ›bro what?‹«[9]

Manchmal sage ich so ganz unbefangen vor älteren Menschen: »I want to kill myself.« Das ist dann auch gar nicht so wortwörtlich gemeint. Aber solche Sätze sind eine Befreiung. Indem wir Witze über unser Leid und unsere Unsicherheiten machen, werden sie für einen Augenblick ins Lächerliche gezogen. Für einen Moment existieren sie nicht, es ist eine kurze Befreiung, so wie das Meme selbst. Kurz wird wieder Dopamin ausgeschüttet und Boom!, zurück in der Realität. Was tun also? Ganz einfach, mehr Memes.

Einer meiner Exfreunde war memesüchtig. Das klingt erst mal total bescheuert, irgendwie niedlich, wie die kleine harmlose Schwester der »echten« Sucht. Es war aber gar nicht witzig, denn dahinter steckt sehr viel mehr: eine Einsamkeit, eine Unzufriedenheit oder das Gefühl, von niemandem wirklich verstanden zu werden. Wenn ein Bild, ein Post oder ein Video dann eine Emotion transportiert, mit der man sich identifizieren kann, dann ist man für einen kurzen Augenblick nicht mehr allein. Irgendwann wird aus der winzigen Ablenkung ein Ausweg aus dem Leben selbst. Jede Art von Sucht ist nur ein Hinauszögern und Verdrängen dessen, was wirklich belastend ist.

Manchmal verbringe ich Stunden und Stunden mit Scrollen. Ich ziehe mich zurück und habe das Gefühl, mein Leben zu verpassen. Aber nicht nur mein eigenes. Auch all die anderen. Heute kann ich immer sehen, was meine Freunde, lose Bekannte oder auch fremde Menschen machen. Ich hänge zu Hause rum und sie sitzen in Südafrika und betrachten den Sonnenuntergang. Ob sie wirklich innerlich lebendig sind? Ich jedenfalls spüre, na ja, irgendwie nichts.

Das Vergleichen mit anderen ist keine Erfindung aus dem Silicon Valley. Es entspringt einem uns Menschen intrinsischen

Streben nach mehr. Und doch waren unsere Vergleichsmöglichkeiten früher viel begrenzter. Wir können heute alles Mögliche werden. Diesen Anspruch stellen wir zumindest an uns selbst. Doch die Realität sieht anders aus – wir werden niemals alles Mögliche sein können. Wenn alles in uns selbst läge, wenn wir wüssten, wie unser Leben aussehen würde, wenn wir nur diese Person wären, wenn es also keine Grenzen mehr von außen gäbe, dann würden wir ganz allein auch die Verantwortung für unser Scheitern tragen. Doch was ist an den Leben, die wir sehen, denn schon echt?

Jemand meinte mal zu mir: »Don't compare your behind the scenes with someone else's highlight reel.«

Aber wie? Das weiß ich auch noch nicht. Ich weiß, wie die großen Mechanismen in meinem Gehirn und in Google-Wolkenkratzern funktionieren, aber nicht, wie ich funktioniere. Ich weiß nur, dass in dieser Vorwärtsbewegung eine Kraft liegt.

always chasing high
rise buildings
and rising high
hopes
for a better future
for a better me

Das verzweifelte Streben, die Trauer über die eigene Unzulänglichkeit können mehr sein, als wir wollen. Es ist ein Kampf, vielleicht sogar eine Lebensaufgabe, diesen Neid in eine Triebkraft umzuwandeln.

Und solang du das nicht hast,
Dieses: Stirb und werde!
Bist du nur ein trüber Gast
Auf der dunklen Erde.

Johann Wolfgang von Goethe beendet sein Gedicht »Selige Sehnsucht« mit diesen Versen. Das Jahr 1814 wirkt wie eine andere Galaxie, und doch verstehe ich, was Sprache hier zum Ausdruck bringt. Die Worte sind ganz nah an mir, wenn ich ein trüber Gast im Leben der anderen bin. »Stirb und werde«, schreibt Goethe. Rilkes »Du musst dein Leben ändern« schwebt mir sogartig vor, wenn ich mich wieder in Netzen der Unzulänglichkeit verheddere.

Meine Therapeutin spricht von Selbstwirksamkeit, ich denke, es ist ein Sein-Leben-in-die-Hand-Nehmen. Soziale Medien lassen uns passiv werden, doch es ist vor allem das aktive Leben, das uns glücklich macht.

Hinter den Wirkungsweisen der sozialen Medien liegt der beschleunigte Spätkapitalismus – ein System, das uns per Definition immer schlechter fühlen lässt, um sich selbst am Leben zu erhalten. Wir arbeiten immer mehr, um so erfolgreich zu sein wie die Menschen, die wir beobachten. Wir müssen immer mehr Dinge kaufen, um endlich so glücklich und frei zu sein, wie sie es scheinbar sind. Doch wir werden wahrscheinlich nicht der nächste Elon Musk oder die nächste Kylie Jenner werden. Davon müssen wir uns lösen. Das ist unsere Aufgabe und unsere Verantwortung. Denn eins können wir immer: unser nächstes Ich werden.

SAFE SPACES

Sind wir also wirklich nur diese deprimierte, internetsüchtige Generation? Ist das Internet wirklich so schrecklich und böse? Ich bin fest davon überzeugt, dass die Strukturen, Ideen und Mechanismen, auf denen das Internet basiert, in der vollen Bandbreite in sich eine Gefahr für unser Wohlbefinden und unser Glücklichsein sind.

Doch mit seiner Schnelllebigkeit, seinen menschenverachtenden Seiten und dem Kampf um Aufmerksamkeit ist das Internet auch nur ein Symptom unserer Zeit. Und wir sind die Generation, die nichts anderes kennt. Wir kennen nichts als beschleunigten Spätkapitalismus.

Doch was ist das überhaupt? Viele Probleme und Erfolgserlebnisse, die wir als unsere eigenen bezeichnen, sind typisch für unsere Zeit.

Um mal ein paar Jahrhunderte kurz zu überschlagen: Die Schwerpunkte des Kapitalismus haben sich von seiner ursprünglichen industriellen Form und der Arbeitergesellschaft vor allem im Westen in Richtung einer Dienstleistungsgesellschaft entwickelt.

Mittlerweile legen der technische Fortschritt und die zunehmende Nutzung von Maschinen, die menschliche Arbeit ersetzen, den Fokus mehr und mehr auf geistige Arbeit. Spoiler alert: Auch diese wird mit künstlicher Intelligenz immer unwichtiger werden. Das Adjektiv *beschleunigt* beschreibt in diesem Kontext die mit der Erfindung des Internets beginnende Periode. Entwicklungen, die sich in den Jahrzehnten zuvor angebahnt hatten, werden durch digitale Technologien katalysiert und beschleunigt. Und da sind wir also heute, in einer Welt, die sich schnell und schneller dreht. Bei dieser Dynamik geht es um mehr als um Wirtschaftstheorie oder historische Zusammenhänge. Die Beschleunigung ist vor allem ein Gefühl. Unser ganzes Leben – alles ist *hyper, crazy, fast*.

Wenn wir uns konkret den Lebensbereich Internet und uns als Konsumenten betrachten, dann gibt es da einerseits sehr viel Negatives. Doch die Wolke, unser Spielkasino, ist nicht nur Verdammnis, sondern auch Verheißung.

Ich bin in dem Teil unserer Generation aufgewachsen, der an der Schnittstelle steht. Meine Kindheit war vergleichsweise analog. Im Fernsehen kam das, was kam, wir hatten einen Familienlaptop, den ich für Hausaufgaben und Fakten-Googeln benutzen konnte. Manchmal durfte ich am Handy meiner Tante Spiele spielen. Das war's eigentlich schon. Mein erstes Smartphone bekam ich mit 13. Ich kenne die Zeit, »in der wir noch draußen gespielt haben«. Oft werden analoge Zeiten verherrlicht und romantisiert. Doch für mich waren soziale Medien in ihren Anfängen eine Form von Rettung.

Mit 13 habe ich mich zum ersten Mal wirklich einsam gefühlt. Auf Partys küsste ich betrunken meine Freundinnen und merkte irgendwann, dass es für mich mehr war als nur ein Partyspiel. Als ich mit 15 in die USA zog, meinte mein Freund, mit dem ich in einer Fernbeziehung war, ich könne ja noch was mit Mädchen haben. Er fand das *hot*. Es ist dann einfach so passiert, Sex mit einem Mädchen. Am nächsten Morgen kam ich zu Hause an und rief eine Freundin an. Ich habe bis heute noch einen Screenshot von ihrer Reaktion auf meinem alten iPad in der pinken Silikonhülle. Ihre Augen sind riesengroß und in ihrem offenen Mund glitzert eine Zahnspange. Ich wusste nicht, wohin mit mir. Was bedeutete das jetzt? Tränenüberflossen rief ich meine Mutter an, die zu mir sagte, das sei nur eine Phase. Die Worte meiner Mutter und das elitär-konservative Umfeld, in dem ich aufwuchs, brachten mich dazu, dass ich mich erst zwei Jahre später wirklich outete.

In der Zwischenzeit wurde das Internet mein Safe Space. Ich schaute queere YouTuber und YouTuberinnen, lernte immer mehr über Feminismus, Diskriminierung und verschiedene Identitäten. Meine Meinung, meine politische Zugehörigkeit und meine Persönlichkeit wurden immer stärker. Endlich hatte ich klare Vorbilder, die so waren wie ich.

Und bis heute ist das die große Stärke der sozialen Medien. Wir finden Anschluss, Zugehörigkeit und können lernen. Doch hier ist auch schon das Problem. Wir selbst kreieren gemeinsam mit den Algorithmen unsere Realität. Folgen wir Menschen, die uns wirklich weiterbringen oder glücklich machen, oder nur denen, die wir zwar bewundern, die uns aber unsere eigenen Unsicherheiten und Unterlegenheitsgefühle überproportional vor Augen halten?

INFORMATIKLEHRER OHNE AUSBILDUNG

Ich erinnere mich an die Onlinetrainings in meiner Schule. Die Gefahren im Internet! Alles, was du postest, bleibt für immer im Internet! Auf Social Media sind nur Pädophile unterwegs! Von Computerspielen und dem Internet wirst du süchtig!

Ich saß in der dritten Reihe mit meinen Freunden und wir schauten uns nur an, lachten und rollten mit den Augen. Wie auch im Sexualkundeunterricht bringen Angsttaktiken bei (Vor-) Pubertierenden wenig. Um ehrlich zu sein, erreichen sie meistens sogar das Gegenteil. *Die haben ja gar keine Ahnung!* Was nach klassischem Teenagerhohn und Selbstüberschätzung klingt, ist aber nicht unbedingt falsch.

Viele Lehrer:innen und Eltern haben tatsächlich keine Ahnung, wie es ist, aufzuwachsen mit der ganzen Welt in deiner Hand. Es ist schwierig, jemanden als Lehrinstanz anzuerkennen, wenn diese Person offensichtlich weniger von der Materie versteht als du selbst.

Die halbherzigen Workshops haben im Nachhinein nichts bewirkt. Ich sitze trotzdem hier mir der Selbstdiagnose Social-Media-süchtig. Liegt das jetzt in der Verantwortung meiner veralteten Schule? Natürlich nicht.

Aber es kann nicht sein, dass so etwas wie soziale Netzwerke das Denken und Verhalten einer ganzen Generation verändern und das Schulsystem einfach so zuschaut und uns einmal in der Schullaufbahn einen lieblos zusammengeschusterten, 45 Minuten langen Workshop hinknallt. Danke für nichts, honestly.

Wir brauchen ein Schulfach, das sich komplett mit der digitalen Welt befasst. Das Social-Media-Trends aus einer soziologischen Perspektive analysiert. Wieso bekommen Mädchen, die sich fast nackt inszenieren, mehr Aufmerksamkeit als politischer Content? Wie funktioniert Hass im Netz? Was machen Algorithmen mit unserer Psyche?

Aber was ist das Problem damit? Schulen, Bildungsinstitutionen und Experten sagen, das Internet sei zu schnelllebig. So schnell kann man keinen Lehrplan entwickeln und Bücher drucken. Bis alles fertig ist, ist es schon wieder veraltet. Oder: Das ist doch alles noch so neu. Wer weiß, wie sich das entwickeln wird.

In einem solchen Schulfach sollte es aber nicht um kurzlebige Trends und virale TikTok-Tänze gehen. Wir brauchen ein Fach, das uns umfassende Medienkompetenz beibringt und uns die Strukturen im Internet erklärt. Sodass wir selbst zu mündigen Onlinekonsument:innen werden. Man kann mir wirklich nicht erzählen, dass man 16-Jährigen Kants »Kritik der reinen Vernunft« beibringen kann, aber nicht, wie man mit dem Internet umgeht.

Das fordern mittlerweile viele Menschen. Die Gründerin Verena Pausder setzt sich für Medienkompetenz und digitale Bildung ein: »Am wichtigsten dabei ist, dass unsere Lehrerinnen und Lehrer ausgebildet werden. Sie müssen über technische und medienpädagogische Kompetenzen verfügen (…) Mir geht es vor allem darum, dass unsere Kinder die Digitalisierung nicht nur in der passiven und unmündigen Rolle von Konsument*innen erleben, sondern sich aktiv und selbstbestimmt einbringen und auch hinter die Benutzeroberfläche schauen. Dazu müssen nicht alle Kinder zu Programmierer*innen werden, aber ein Grundverständnis für die Funktionslogik von Computern sollten sie haben. Sie sollten auch wissen, wie das Internet funktioniert oder wie Daten übermittelt werden. Insofern gilt mein Appell einer umfassenden Medienbildung und einem ganzheitlichen Technologieverständnis. Das müssen unsere Kinder unbedingt verpflichtend in der Schule lernen.«[10] Sie schlägt vor, eine Bundeszentrale für Digitale Bildung zu gründen und unser gesamtes Schulsystem zu modernisieren.

Das alles ist eine große Aufgabe, doch Disziplin, ein gesunder Umgang mit den sozialen Medien und eine umfassende Aufklärung können nicht nur von uns kommen. Die Politik hat uns gegenüber als Generation eine Verantwortung. Und sie wird dieser bislang nicht gerecht.

RAUS AUS DEM CASINO, REIN IN DEN STURM

Ich war sehr jung. Eine unbeschreibliche Art von Leichtigkeit umgab mich. Ein Gefühl, das ich aber zu der Zeit gar nicht so wahrnahm. Erst später begriff ich, wie ich damals auf weichen Wolken tanzte. Meine Mutter nannte mich ein Chamäleon, da ich im Stundentakt meine Haarfarbe wechselte. Mal waren sie rosa wie die Schlieren beim Untergang der Sonne, mal blau wie der Ozean.

Es ist Juni und ich laufe durch die Tropen in Mexiko. Die feuchte Luft fließt durch mich hindurch. Zwischen Mangrovenwäldern und hohen Kokospalmen befindet sich eine Bambushütte. Am Rand steht ein alter silbergrauer VW-Bus. Davor kocht ein Mann am offenen Feuer. Es riecht nach gegrillter Ananas und aus den Boxen klingt weiche Reggaemusik. Ich bestelle Horchata. Ein traditionelles mexikanisches Getränk aus Zimt und Reis, das ich liebe, seit ich ein kleines Kind war. Ich atme ein und beobachte, wie die Schwere von mir fällt. Zum ersten Mal merke ich, was die monatelange Therapie gebracht hat. Ich spüre ein Am-Leben-Sein, von dem ich glaubte, es existierte nicht mehr.

Hinter mir liegen wöchentliche Gespräche mit der Psychologin im zweiten Stock, nächtliche Gespräche mit meinem besten Freund und eine einmonatige Social-Media-Pause. Langsam lerne ich wieder, was es bedeutet, für mich zu leben und nicht als passive Beobachterin das Leben anderer für mein eigenes zu halten.

Doch die Erkenntnis allein reicht nicht. Wir leben in einer Welt, die ohne soziale Medien kaum noch vorstellbar ist. Von wo sollen wir uns Inspiration holen, für Mode, Ernährung, Politik und Lebensfragen? Von Zeitungen, Magazinen oder dem Fernsehen? Das glauben wir uns doch selbst nicht.

Dr. Jean M. Twenge schreibt: »Sollte man auf Grundlage dieser (Studien) Ratschläge für ein glückliches Leben geben, wären diese sehr eindeutig: Legt das Smartphone weg.«[11] Aber wir wissen alle, dass das kaum möglich ist. Eine Freundin verabschiedete sich für ein halbes Jahr von Instagram und lud es sich dann wieder runter, weil sie vergeblich eine Wohnung suchte. In unserer Generation werden WGs fast ausschließlich über Instagram gegründet. Ich selbst lebe in so einer durch zufällige Freundschaftsverknüpfungen entstandenen Insta-Wohngemeinschaft.

Offline- und Onlineleben sind kaum noch trennbar. In der Cloud sind wir nicht komplett wir, aber irgendwie auch schon. Der Offlineweg ist für den ein oder anderen ein Weg zum Glücklichsein. Aber für viele von uns eben auch nicht. Wir müssen einen gesunden Umgang erlernen. Und das ist ein Kampf, der jeden Tag aufs Neue stattfindet. Befriedigung durch Likes und Scrollen ist so einfach, doch wirklich glücklich macht das niemanden.

Also wie funktioniert das wirklich? Ich habe die letzten Jahre so viel Zeit mit Grübeln verbracht. *Wie kann ich einen gesunden Umgang mit Social Media hinbekommen?* Und wie gesagt, ich denke, ich habe da auch noch viel vor mir, doch es gibt ein paar Dinge, die ich gelernt habe.

In Zeiten, in denen ich in meinem Alltag glücklich war, hat sich das Social-Media-Thema meistens von allein erledigt. Mit ein bisschen zu viel Nostalgie schaue ich auf die Zeit zurück, in der ich, viel zu kurz, bei der *New York Times* war. Ich wachte auf zwischen Rettungswagen, Sirenen und der Sonne, die über den Hudson River und die Ausläufer der Upper East Side auf mich schien. Fünf bis zehn Minuten kurz checken, was in Deutschland bei meinen Freunden passiert ist, während ich noch geschlafen habe. Duschen, umziehen, Frühstück im Keller oder aus der Mikrowelle. Mehr Zeit ist nicht drin. Die silberne Subway fährt so tief, dass es kein Netz gibt. Ich höre Musik, lese ein Buch oder unterhalte mich mit meinen Freunden. Die Gespräche im sechsten Stock an der Lexington Avenue haben etwas Greifbares. Neues zu lernen, kann so begeisternd sein. In der Mittagspause rennen wir ein bisschen verwirrt durch die Hochhäuser in Midtown. Jemand macht Fotos von mir, während wir über die Straße gehen. Die Schnelligkeit beruhigt meinen Kopf. Alles ist so unfassbar klar. Zurück im Klassenzimmer sind noch 15 Minuten Zeit. Ich poste schnell ein Bild, es ist 18 Uhr in Deutschland, perfekte Postingzeit. Nach dem Unterricht sitze ich mit Freunden im Central Park, fahre an die Lower East Side, um in bunten, queeren Cafés Gedichte zu schreiben. Es wird kalt und dunkel und ich komme in unserem Dormgebäude an. Wir gehen ins Zimmer, legen Handtücher unter den Türschlitz und rauchen Joints und Mentholzigaretten mit Blick auf die East Side. Donnerstag bis Sonntag rennen wir mit High Heels durch die eisigen Februarnächte. Fake-IDs und Glasaufzüge bringen uns ins fünfzigste Stockwerk, wo Realitäten verschwimmen. Es gibt so endlos viel zu tun, zu erleben.

In dieser Zeit waren mein Umgang mit und meine Beziehung zu den sozialen Medien sehr bewusst und gesund. Ich habe mich, ganz automatisch, auf den Moment und das, was vor mir liegt, konzentriert. Aber das Leben ist nicht immer ein perfekter Fiebertraum in New York. Deswegen hier meine fünf Tipps für einen sinnvollen Umgang mit Social Media:

1. Zeiten wie diese haben mir gezeigt, dass es nicht immer die sozialen Medien sind, die mich traurig machen, sondern die Wahrnehmung meiner Lebensrealität. In den Lockdownphasen der Coronazeit war ich nur am Handy und habe meine Home-Office-Arbeit prokrastiniert. Ich habe mir schließlich die Frage gestellt: Wie kann ich in meinem jetzigen Leben aktiver und zufriedener sein? Auch wenn es während globaler Krisen schwer ist, ein aktives Leben zu führen, habe ich etwas gelernt: Ich muss mein Leben selbstbestimmt leben.

2. Außerdem haben mir Phasen wie New York, das Abitur oder eine längere Reise nach Bali gezeigt, dass Zeit eine große Rolle spielt. Immer wenn ich aufgrund von äußeren Umständen wie kein Netz oder zu viel zum Lernen gezwungen war, weniger auf Social Media zu chillen, war ich allgemein zufriedener. Dazu sagt Dr. Jean M. Twenge: »Das Risiko erhöht sich ab einer Zeit von zwei oder mehr Stunden pro Tag und steigt danach weiter an, wobei ein sehr hoher Benutzungsgrad (fünf oder mehr Stunden) mit einem beträchtlich höheren Risiko für Selbstmord und Traurigkeit verbunden ist.«[12] Mir hilft es, meinen Terminkalender vollzumachen. Univorlesungen, Zeit im Café, um ungestört zu lernen, Ballett und Sportkurse, Zeit mit Freunden. Sich Dinge suchen, die einem Spaß machen und trotzdem Raum zur Selbstentfaltung lassen.

3. Im Durchschnitt gehen wir alle 18 Minuten ans Handy, dieses ständige On-off-Verhalten kann auch nicht gut sein. Wenn du lernen möchtest, zu Hause arbeitest oder mit Freunden unterwegs bist, leg dein Handy in einen anderen Raum oder einfach weit weg von dir. Ich schalte dann auch immer Apps an, die mein Handy blockieren, und lege es dann in meinen Kleiderschrank.

4. Mach immer mal wieder einen Digital Delox. Einfach alle Apps löschen, auf denen du zu viel Zeit verbringst, klingt so easy. Da bin ich selbst ziemlich schlecht darin. Ich finde immer einen Grund, warum ich mir die App doch wieder runterladen sollte. Aber natürlich ist es wichtig, regelmäßig Abstand von dem Ganzen zu nehmen.

5. Finde heraus, was dir ein gutes Gefühl gibt. Das Handy eine Stunde vor dem Schlafengehen ausmachen? In der Früh erst mal analog in den Tag starten? Und wenn es dann doch ein kompletter TikTok-Binge-Tag ist, dann ist er es eben! Wenn das Ganze aber eine zu große Belastung wird und du das Gefühl hast, es allein nicht mehr zu schaffen, dann such dir bitte Hilfe! Einen Therapieplatz für Sucht, Depressionen oder Angststörungen zu bekommen, kann schwierig sein. Sich selbst Probleme einzugestehen, die Unterstützung von Eltern oder auch einfach die Auseinandersetzung mit dem Gesundheitssystem können eine Belastung sein. Doch es lohnt sich. Ich habe gelernt, dass es mehr gibt, als im Bett zu liegen und sich von Nieselregen beträpfeln zu lassen. Doch von Tag zu Tag lerne ich dazu. Ich stehe zum ersten Mal wieder auf, gehe raus aus dem Casino vor die Tür. Und setze mich dem Sturm aus.

INFLUENCER:INNEN

rich bitches don't stay single

*rose white pearl rings
fall to piece remodeled
floors. scholarships fly
unexpectedly to rosy cheeks
on red wine bottoms.*

*to best dressed school
offender. a higher class of
pursuits tender. through my
poisoned veins of jealousy.
all above the fragile door
calendar. back to high
beam star commutes.
into squeaking scratching
melodies.*

*you live in castles full of soft
shell clocks. this wooden
angel on your front porch.
my doors never had camera
locks.*

*blue light loads and ravels
opens canned up meatball
pain,
in slender red wine dumps.
you're my oligarch in
disguise.*

*blue lights don't do fucking
anything. psychotic drugs
don't do anything. if they are
laying on the counter. I'm no
goddamn contortionist.*

*get me out of the
entanglement. bring me
coke white line strings.*

*I run back home to run from
you. I run from home right
back to you.*

GLITZERPARTYS
UND EINE LEERE WELT

Ich sitze auf einem weißen Bett im siebten Stock in einem der teuersten Hotels in Ostberlin. Ein Boutique-Hotel mit Smoothiebar und Bällebad. Nicht so ein polierter Butler-Kempinski-Scheiß. Ich sitze hier mit einem ganz normalen Mädchen. Schlank, braune Haare und im Jogginganzug. Nur dass sie kein ganz normales Mädchen ist, ich vielleicht auch nicht. Sie hat eine halbe Million Follower und verdient wahrscheinlich mehr Geld als die meisten berufstätigen Mitte-dreißig-Millenials. Sie erzählt mir: Es sei auch belastend, so dünn zu sein wie sie. »Skinnyshaming« nennt sie das.

Wir machen uns fertig für den Abend. Weißes Puder, bunte Farbpaletten, teurer Lipgloss. Aber keine Sorge, war alles kostenlos. Ich fühle mich benebelt. Doch die Droge ist heute keine Substanz, sondern etwas anderes: Geld. Macht. Bewunderung.

Dunkle High Heels blitzen hervor zwischen funkelnden Kleidern. Ich stehe im Fahrstuhl und bin nervös. Meine Designertasche hängt an meiner Schulter und ich klammere meine Fingernägel um den Gurt. Die verspiegelten Türen öffnen sich und alles verfliegt. Mit jedem Schritt durch die Lobby kommt mein Selbstbewusstsein zurück. Ich treffe die anderen am Eingang. Vor der Tür wartet ein schwarzer Wagen. Die Tür wird mir geöffnet und ich steige ein. Mein Blick gleitet am Fernsehturm vorbei. Unbesiegbarkeit fließt durch mein Blut. Türe auf. Pressezelt. Fotografen schreien Namen und ich verstehe plötzlich, warum es Blitzlichtgewitter heißt.

Monate später werde ich einen Typen aus L. A. daten, der in der Fashionindustrie in New York arbeitet. »Omg. You're on Getty Images.« Ich bin stolz darauf. Auf Getty zu sein, ist ein Status-symbol. Egal ob die Bilder vor der geschmacklosen Werbewand nicht ins Feed passen, sie werden trotzdem gepostet. Wegen dem fetten Getty-Sticker, der schreit: *Schaut alle her, diese Promi-Fotoagentur hat mich fotografiert, ich bin wichtig!*

Drinnen gibt es Designercouches, eine verhüllte Bühne und Kellner, die mit Mini-Superfood rumrennen. Und natürlich nicht zu vergessen: kostenlose Cocktails. Neue Produkte werden vor-gestellt, was aber keinen so wirklich interessiert, denn viel wichti-ger ist, wer mit wem unterwegs ist. Der Saal fühlt sich an wie eine lebendig gewordene Boulevardzeitung. Ich bin mir nicht ganz sicher, ob ich mich durch meine Einladung besonders fühle oder einfach nur fehl am Platz. Ein bisschen von beidem wahrschein-lich. Aus der Entfernung sehe ich eine große YouTuberin, der ich seit einiger Zeit folge. Ich fand sie unglaublich lustig und wollte mehr so sein wie sie. Auf Augenhöhe mit einem Idol zu sprechen, gefällt mir. Alles fühlt sich unwirklich an und ich tanze zwischen bekannten Gesichtern, Freunden und Managern bis spät in die Nacht. Es gibt eine bestimmte Uhrzeit, vielleicht eher einen ge-wissen Alkoholpegel, ab dem Followerzahlen plötzlich egal wer-den. Hierarchien lösen sich auf und wir tanzen alle wie alte Freun-dinnen beim Mädelsabend im Club. Betrunken von Narzissmus und Champagner erfreuen wir uns über unsere eigene Wichtigkeit, die zerbrechlicher ist als die Gläser, aus denen wir trinken. Ein paar Stunden später bin ich mit der YouTuberin im Hotel. Ich, ihr großer Fan, halte ihre Haare, während sie ins Klo kotzt.

Einen Tag später sitze ich wieder auf dem Holzstuhl im Matheunterricht in der Kleinstadt. Zwischen Integralrechnung und dritter Ableitung interessiert es niemanden, wo ich war oder wie viele Follower ich habe. Berlin war wie ein glitzernder Fiebertraum, so wie Berlin eben immer ist.

Wieder ein paar Wochen später bin ich für einige Tage nicht mehr nur ich. Ich sitze im Bikini Berlin, einer Shoppingmall, es ist Donnerstag und ich sollte eigentlich in der Schule sein. Aber es gibt Prioritäten im Leben: die größte Beauty-Convention Deutschlands. Es ist immer wieder dasselbe Spiel. Schule schwänzen, bezahlte Flüge, teure Hotels, Unmengen an PR-Geschenken. Ein Wagen fährt vor, die Managerentourage holt dich am Hintereingang mit dem rosa Teppich ab und deine Füße tun schon nach zehn Minuten weh. 14-jährige TikTok-Stars rennen rum in Abiballkleidern. Die Security am Eingang der Loge kontrolliert die Artistpässe. Heute schreit alles wieder: »Ich bin wichtig!« Doch ich habe das Gefühl, dass alle um mich rum nur Aufblaspuppen sind, dass ich selbst eine leblose Hülle bin.

Es ist acht Uhr morgens und ich stehe etwas betreten in einer Ecke und schlürfe mir den ersten Sekt rein. Eine Bekannte kommt auf mich zu und begrüßt mich. Andere Influencerinnen, die ich nicht kenne, kommen her. Sie mustern mich lachend und fragen, wie ich auf Instagram heiße.

Eine lässt ihre Gelnägel über den Bildschirm zischen, sie sieht meine Followerzahl und lacht mich peinlich berührt an. Sie zieht meine Bekannte an sich und sie verschwinden, schließlich redet man nicht mit Leuten, die weniger Follower haben als man selbst. Menschen, die einem nichts nutzen und die einen nicht weiterbringen. Entsetzt, aber nicht überrascht über diese seltsame Begegnung, stehe ich wieder allein da und frage mich, wo ich mehr Alkohol herbekomme.

Doch es ist noch früh und die kleine Show von eben war nur die Vorschau auf den Zirkus heute.

Da stehst du also um halb neun Uhr morgens etwas angetrunken von Sekt und Tausende Mädchen beneiden dich. Und du, was ist mit dir? Du denkst, du hast alles, was du immer wolltest, und doch hast du absolut nichts.

Warum tue ich das denn?, frage ich mich, auf die Menschenmassen blickend. Ich denke an ein Mädchen, das ich in der Nacht an einer U-Bahn-Station getroffen habe. Wir sind beide ein bisschen betrunken und sie starrt mich verwirrt an. Ihr Make-up ist verschmiert. Sie wirkt nervös.

»Hey, du bist doch Valentina.«

Mit einer Mischung aus Peinlichkeit und Stolz lache ich sie an.

»Ich wollte dir nur sagen, wie sehr du mich inspirierst. Als ich jünger war, habe ich so viel gelesen und habe das in den letzten Jahren voll vernachlässigt. Aber durch dich habe ich wieder Motivation gefunden und sogar selbst probiert zu schreiben.«

Ich bin irgendwie überwältigt. Erst seit ein paar Wochen habe ich damit begonnen, kleine Texte und Gedichte zu veröffentlichen. Es ist nicht das erste Mal, dass Leute mich offline ansprechen, doch sie geht mir besonders nah. Ich habe einen Menschen berührt.

EINE BEZIEHUNG
WIE ZU GOTT?

Generation Z ist eingenommen vom Leben der Influencer:innen, sie werden jeden Tag rund um die Uhr verfolgt. Aber diese Menschen in den kleinen blinkenden Bildschirmen bleiben keine Wunschvorstellungen. Sie werden zur besten Freundin, zur großen Schwester, ja sogar zum Idol. Man baut eine sogenannte parasoziale Beziehung zu den Kreator:innen auf. Der Begriff stammt von den US-Psychologen Donald Horton und Richard Wohl. 1956 definierten sie Interaktionen mit einem Akteur und einer Masse, die den Akteur durch ein nichtphysisches Organ wahrnimmt, als parasoziale Interaktion. Dabei ist ausschlaggebend, dass die Interaktion zwischen dem Akteur und der Gruppe die Illusion einer Face-to-Face-Kommunikation vermittelt, eine sogenannte orthosoziale Interaktion. Mit anderen Worten, die Influencer:in simuliert den Follower:innen eine analoge Beziehung, indem er oder sie mit den Follower:innen so umgeht wie mit Freund:innen. Den Follower:innen wird ein Gefühl von Nähe vermittelt. Die Influencer:in kennt die Follower:innen nicht, diese glauben aber, die Influencer:in zu kennen.

Horton und Wohl bezogen ihre medienpsychologischen Theorien damals vor allem auf die Hollywoodstars der Fünfzigerjahre. Parasoziale Beziehungen sind aber viel älter als Instagram und Schwarzweißfilme. Gebete oder die Beziehung zu Gott sind ihnen zufolge eine noch viel ältere Art der parasozialen Interaktion. Nur dass Gott, na ja, keine Fitnesstees empfiehlt.

Was früher Sänger:innen und Filmstars waren, sind heute Influencer:innen. Diese Art der Bewunderung ist nichts Neues und nicht per se schlecht. Wir müssen uns allerdings über diese einseitige Art von Beziehung bewusst werden und hinterfragen, wie viel Platz wir diesen Menschen in unserem Leben zugestehen. Denn mit den parasozialen Beziehungen hat sich etwas verändert: Wir nehmen uns viel mehr Zeit für diese Menschen als die Generationen vor uns. Früher konnte man seine Idole in Zeitschriften bewundern, auf dem Walkman ihre Songs hören oder mit ein wenig Glück deren vierminütiges Musikvideo auf MTV erhaschen. Heute können wir uns stundenlang von unseren Idolen beplätschern lassen. Wir wissen, dass sie gern Spinat, aber keinen Rucola essen, dass sie jeden Morgen Yoga machen und sich fast jeden Tag mit ihrer Freundin und deren Hund treffen. Es ist faszinierend, doch irgendwie auch absurd.

Viele Jugendliche »verbringen mehr Zeit« mit Influencern als mit ihren Freunden. Die 14- bis 19-Jährigen sind durchschnittlich mehr als vier Stunden pro Tag online[13], davon einen Großteil der Zeit auf YouTube und Instagram.

Aber wie ordnet man jetzt diese Art von unausgeglichener Beziehung ein? Es ist nicht an sich schlecht, sich Ratschläge in Mode, Make-up oder Lebensfragen von jemandem zu holen, den man nicht offline kennt und vielleicht auch nie kennenlernen wird.

Ich glaube, es ist wichtig, dass wir uns darüber klar werden, was diese Menschen da machen, wer sie wirklich sind, wer sie vorgeben zu sein und was sie repräsentieren.

KOOPERATIONEN
UND DIE SACHE
MIT DEM GELD

Mit neun Jahren war ich unglaublich fasziniert vom Wilden Westen. Aber ich habe mich nicht wirklich für Cowboys, Indianer oder Pferde interessiert, sondern für etwas anderes: den Gold Rush. Ich war regelrecht benommen von der Idee, Reichtum einfach so im Fluss zu finden. Ein paar Wochen zuvor waren wir im Playmobilland. Im Westernteil des Parks konnte man im Sand nach Gold Nuggets suchen. Ich hatte unglaublich viel Spaß an der Goldwaschstation. Meine Mutter hatte Probleme, mich wieder fortzuschleppen. Doch trotzdem war ich nicht ganz zufrieden. Mein junges kapitalistisches Ich wollte echtes Gold fischen. Ich wünschte mir, im Amerika dieser Zeit zu leben, um in einem kleinen Westernröckchen mit einem Sieb am Fluss zu knien und Gold Nuggets herauszufischen.

Einige Jahre später – ich habe meine kleine Wildwestphase längst hinter mir gelassen – komme ich zu einer Definition: Social Media ist der moderne Gold Rush, der junge Menschen, fast schon per Zufall, von einem Tag auf den anderen reich machen kann. Influencer, Bloggerinas, Litfaßsäulen und Diätteeverkäuferinnen. Gehasst. Geliebt. Zu (Un?)Recht verteufelt. Kaum eine Berufsgruppe hat die Menschen in den letzten Jahren so gespalten wie sie. Aber eins ist sicher: Es geht um viel Geld.

Dem »Influencer Industry Report« von Influry zufolge werden Influencer:innen in Deutschland, Österreich und der Schweiz 2021 1,8 Milliarden Euro verdienen.[14] Aber wie kommen ein paar Tausend Menschen auf solche Summen?

Nena Schink schreibt in ihrem Buch »Unfollow. Wie Instagram unser Leben zerstört«: »Niemand darf bemerken, wie viel Geld die Influencer mit Instagram-Aktivitäten verdienen.«[15] Doch das glaube ich nicht.

Den meisten Jugendlichen ist bewusst, dass Designertaschen und Luxusreisen auf die Malediven nichts sind, was man sich vom Mindestlohn leisten kann. Aber vielleicht bin ich da auch desillusionierter, weil ich in der Branche quasi aufgewachsen bin, die Größenordnungen kenne und weiß, wie viel man verdienen kann. Ich glaube, dass sich der Reichtum, den junge Menschen mit Social Media verdienen, nicht negativ auf deren Image und Erfolg auswirkt, sondern vielmehr wie ein Katalysator wirkt. Es gibt diese gewisse Faszination von der Geschichte vom Selfmademan, der Selfmadewoman. Jung, reich, schön – und alles selbst geschafft! Follower:innen sehen Mädchen, die einfach nur zur Schule gehen und plötzlich Prada tragen und bei der Fashion Week in der ersten Reihe sitzen. Der Wunsch, das Gleiche zu tun, und das Gefühl, es auch zu können, gehen eine seltsame Mischung ein. Denn die Kombination aus durchschnittlicher Herkunft und dem aktuellen Erfolg der Person bietet eine Projektionsfläche. Sie war mal wie ich. So kann ich auch werden. Und das ist leider nicht wahr. Denn Erfolg in den sozialen Medien ist am Anfang vor allem eins: ein Glücksspiel, bei dem Talent nicht wirklich zur Sache beiträgt.

Und was mich betrifft: Oft frage ich mich, warum Tausende Menschen beschlossen haben, mir zu folgen, aber ich habe mich ziemlich früh von dem Gedanken verabschiedet, dass es dabei wirklich nur um mich geht.

Lange Nägel gleiten über meinen Bildschirm. Es ist alles wie immer. Dünne, schöne Menschen, ferne Orte und eine kleine Portion Selbstmitleid. Warum folge ich diesen Menschen. Ist es wirklich nur eine psychisch induzierte Dopaminsucht oder steckt doch mehr dahinter?

Wir folgen auf Instagram erst mal niemandem, weil wir seine Persönlichkeit besonders toll fänden, sondern weil er oder sie etwas für uns repräsentiert. Etwas, das wir selbst wollen. Ein Luxusleben mit endlosen türkisen Stränden und Beachbungalows. Ein dünner, perfekter Körper. Humor und eine Erlösung des minderwertigen Ichs oder einfach nur eine Ablenkung vom anstrengenden Alltag.

Fundamental für den Erfolg auf Social Media ist der gerade zitierten Nena Schink zufolge, dass alles privat und authentisch aussehen soll, dahinter aber eine Multimillionen-Euro-Industrie steckt. Und da ist auch schon das erste große Problem: Transparenz.

Viele Jugendliche mögen Kreator:innen lieber als klassische Unterhaltungsmedien, weil sie authentischer und lebensechter wirken. Aber wie authentisch ist das alles tatsächlich? Und was ist bei Influencern privat und was geschäftlich?

Auf dem Papier ist das eigentlich ganz klar: Bezahlte Werbepostings und alles, was damit in Verbindung steht, ist geschäftlich. Hinter dem Bild mit den Badebomben hängt (meistens) ein Management, das sich um Kontakt mit Werbeagenturen und

Kunden kümmert, Verträge aushandelt und Prozente des Honorars einbehält. Aber was ist mit dem ganzen Rest – Postings vom Frühstück oder dem Lieblingsoutfit? Das ist unbezahlt und privat. Aber irgendwie ja auch nicht.

Es ist Frühling und ich stecke in der Klausurenphase. Seit einem Jahr bin ich unter Vertrag bei einem Künstlermanagement. Bei kleineren Influencer:innen kümmert sich ein Management nur um Werbekooperationen und Verträge. Sie suchen nach Marken, die mit mir zusammenarbeiten wollen. Meine Managerin schickt mir eine Anfrage einer Hautpflegemarke, die in den letzten Monaten durch ein fast schon aggressives Influencermarketing erfolgreich geworden ist. Die Produkte sind teuer und ich habe Lust, neue Masken und Cremes auszuprobieren. Eigentlich finde ich es ein bisschen peinlich, Marken zu bewerben, die Instagram überfluten und die mich selbst als Konsumentin irgendwie nerven. Aber wenn so viele meiner Bekannten die Firma bewerben, muss ja vielleicht doch etwas dran sein. Bevor mir die Produkte zugeschickt werden, unterschreibt meine Agentur den Vertrag. Ein paar Tage später steht ein hellrosa Karton vor meiner Tür. Zwischen Geschichte-Sozialkunde-Lernplänen und Goethe-Analyse stelle ich mich also in mein Bad und trage eine Kaffeepeelingmaske auf. Fröhlich spreche ich in die Selfiekamera. Supertolle Produkte. Wellnesstag im Abistress. Einfach fantastisch. Wundervoll, die Produkte.

Bis meine Haut anfängt zu jucken. Ich reibe die Paste ab und erblicke eine kratzende, faule Tomate im Spiegelbild. Mein Gesicht ist feuerrot und tut weh. Fuck. Eine allergische Reaktion.

Mit einem seltsamen Gefühl im Magen schicke ich die Videos an meine Managerin. Sie muss diese an den Kunden weiterleiten, damit er sie für die Veröffentlichung freigibt. Ich fühle mich total scheiße und überlege, was ich jetzt noch machen könnte. Eigentlich will ich das Posting absagen. Aber das Problem ist: Der Vertrag ist schon unterschrieben. Ich kann absolut nichts machen. Ich hätte darauf bestehen sollen, die Produkte vorher zu testen.

Am Tag des Postings habe ich einfach nur Schuldgefühle, doch das tut nichts zur Sache, ich muss heute posten. Alles läuft wie immer, ein paar Leute kommentieren und ich ignoriere einfach alles. Ich bin zu einer lügenden Litfaßsäule mutiert, die ihre Meinung einfach so für ein paar Hundert Euro verkauft hat. Ich bin zu dem geworden, was ich selbst immer so verachtet habe.

Ein Argument, das von PR-Spezialisten und Influencer:innen häufig benutzt wird, ist, dass es Kooperationen schon immer gab. Früher waren es die Hollywoodstars, die genüsslich Cola schlürften, oder Fußballer, die plötzlich nur noch mit Emirates flogen und das Logo auf der Brust trugen. Haben sich diese Leute auch für Geld verkauft? Verkauft sich überhaupt jemand für Geld? Ja und nein.

Influencer:innen sind von einigen Dingen, die sie bewerben, wirklich begeistert und feiern sie total ab. In meinem Fall sind das zum Beispiel die ein oder andere Make-up-Palette, die ich supergern trage, oder Modekooperationen mit Marken, die ich schon, als ich jünger war, gern gekauft habe. Den Großteil der Produkte finde ich und die meisten anderen nur gut. Wenn man es geschenkt bekommt, dann kann man damit was anfangen, man findet es ganz cool. Aber würde ich mal so in den Laden spazieren und mir das kaufen? Wahrscheinlich nicht. Dazu gehören in meinem Fall zum Beispiel teure Sportleggings. Ich habe mich voll auf die neuen Sportsachen gefreut, aber nach einer Woche habe ich die Illusion aufgegeben, dass ich plötzlich mehr als einmal im Monat joggen gehen werde. Mein Leben haben die Leggings auch nicht verändert.

Wenn die Influencer:innen also ein paar Sachen abfeiern und den Großteil ganz okay finden, was ist dann mit dem Rest? Das sind die Produkte, bei denen jeder nicht völlig verblendete Follower:innen merkt: Das, was die da in die Kamera hält, findet die aber ganz schön scheiße!

Es sind verstellte Gesichtszüge mit einem plastischen Lachen. Man merkt, es geht nur um Geld. Und auch wenn diese Falschheit nicht jede Kooperation betrifft, sie ist verantwortlich für den Mangel an Glaubwürdigkeit.

Vieles läuft absolut nicht richtig in der Influencerbranche, doch trotzdem ist es nicht weniger verwerflich, wenn irgendwelche dahergelaufenen Boomer mir in der Tagesschau zu erklären versuchen, was ich mag und was nicht: *Ja also diese ganzen neumodischen Influenzer, die finden doch eh alles kacke, was sie da verkaufen.*

Nein, ich finde nicht alles kacke, aber halt auch nicht so berauschend, wie es die Briefings und Verträge vorschreiben. Ich glaube, es ergibt wenig Sinn, die ganze Maschinerie auf *Wir-sind-das-Feuilleton-schaut-mal-die-verkaufen-ihre-Meinung* zu reduzieren. Denn solange es Leute gibt, die die Produkte anbieten, vermarkten oder kaufen, wird es auch Kreator:innen geben, die diese Produkte bewerben. Sagen wir es mal so: Ich bin mir bewusst darüber, dass Werbekooperationen und das System, das sich dahinter verbirgt, problematisch sind. Um die Insta-Werbewelt weniger verwerflich zu gestalten, halte ich zwei Dinge für ausschlaggebend: Influencer:innen müssen anfangen, wirklich nur Produkte zu vermarkten, die sie auch mögen und die zu ihnen passen. Und das muss man erst mal lernen. Nach einigen Allergien und anderen Fails habe ich gelernt, welche Produkte ich gern bewerben möchte, welche zu meiner persönlichen Brand passen und so weiter.

Aber vielleicht ist das für dich nicht relevant, weil du kein:e Influencer:in bist. Deswegen ist der zweite Punkt viel wichtiger. Du musst dir die Frage stellen: Will ich diese Person wirklich unterstützen?

Nena Schink schreibt: »Solltest du Influencern auf Instagram folgen, profitieren sie von deiner Zeit.« Deine Views bezahlen also deren Miete oder Shoppingtrip nach New York. Du musst also wissen, ob du das wirklich möchtest.[16]

ROLLENBILDER

Pride Parade, Gendersprache, Klimakrise und Netzaktivismus. Wie auch andere Generationen vor uns werden wir in der Öffentlichkeit durch unsere laute linke Seite dargestellt. Aber ist das alles wirklich so, sind wir wirklich so weltoffen, progressiv und liberal?

Heute spielt sich alles in Bubbles ab. Wir wissen nicht so wirklich, ist das die Realität oder nur die, in der ich lebe. Meine Blase – und in ihr auch viele Influencer:innen – kämpft für Geschlechtergerechtigkeit, Klimaschutz und gegen Alltagsrassismus. Influencer:innen haben Macht, sie bestimmen den Zeitgeist mit.

Ich kenne die leer wirkenden Modemädchen, aber in meiner Wahrnehmung sind die politisch Aktiven und diejenigen, die an sozialer Gerechtigkeit interessiert sind, stärker. Als ich dann aber einen Artikel auf *Spiegel Online* über Geschlechterrollen auf Social Media lese, bin ich doch etwas überrascht. Dort heißt es: »Das Frauenbild (auf Instagram und YouTube) orientiert sich an den Fünfzigerjahren.«[17]

Die Schauspielerin Maria Furtwängler gab 2019 mit ihrer Tochter und der gemeinsam gegründeten Stiftung »MaLisa« eine Studie in Auftrag, die herausfand, dass in Deutschland die 100 erfolgreichsten Frauen in den sozialen Medien vor allem Beauty, Home & Lifestyle sowie Mutterschaftsthemen (»Mamiblogger«) bedienen, während die 100 erfolgreichsten Männer vielfältigen

Content wie Comedy, Satire, Bildung und Politik erstellen. Die auf Social Media beliebten Rollenbilder sehen folgendermaßen aus: Schöne, schlanke weiße Frauen machen Fashion- und Beauty-Content, Traumhochzeit und süßes Baby mit Kulleraugen inklusive. Beliebte Männer auf Social Media sind anders, sie sind unterwegs, sie sprechen über Fitness, klären über den Nahostkonflikt auf, sprechen über Start-up-Unternehmen oder machen intelligente Witze. Was sagt das über uns aus?

Die Ergebnisse dieser Studie stören mich. Nicht nur weil ich voller jugendlicher Hoffnung der Meinung war, dass meine Generation weiter wäre, sondern weil ich einfach nicht glauben kann, dass es stimmt. Ich folge vielen tollen, intelligenten Frauen auf Instagram, die Politik-Content machen oder über Investment und Start-ups sprechen. Den Beauty- und Lifestyle-Content (den ich auch selbst produziere) habe ich nie als etwas Antifeministisches oder Schlechtes wahrgenommen. Für mich war diese Art von Unterhaltungscontent immer ein Zeichen von weiblicher Stärke, Selbstständigkeit und Unternehmertum. Die anderen Influencerinnen und ich waren *Selfmade-Power-Women*. Dass dieser Blickwinkel ebenfalls problematisch sein kann, wurde mir aber erst viel später bewusst.

Ich fing also an zu recherchieren, meinen Instagram-Feed durchzugehen und mir die beliebtesten deutschen Kreator:innen genauer anzusehen. Schnell fand ich heraus: Natürlich existieren auf Instagram auch andere Frauen, Frauen mit unterschiedlichem Background, Frauen, die nicht dem westlichen Schönheitsideal entsprechen, oder Frauen, die eine starke Meinung haben. Sie sind jedoch weniger erfolgreich als die weißen, dünnen

Beauty-Influencerinnen, zu denen ich auf irgendeine Art und Weise auch gehöre. Ich kenne einige dieser jungen Frauen, viele von ihnen haben auch Ansichten zu bestimmten Themen, doch sie teilen sie nicht. Denn intellektueller oder politisch motivierter Content hat einen Einfluss auf ihr Businessmodell. »Eine starke eigene Meinung schmälert deinen finanziellen Wert, weil sich dann bestimmte Firmen nicht mehr mit dir zeigen wollen«, sagte eine anonyme YouTuberin der *Zeit*.[18]

Man denkt sich: Hm, blöd, dass man weniger verdient, wenn man sich politisch äußert, aber das ist halt so, das ist der Kapitalismus. Die Menschen, die sich für Politik, das Klima oder soziale Gerechtigkeit interessieren, können gezielt Influencerinnen suchen, die sich für Politik, Feminismus oder das Klima einsetzen. Es gibt sie ja – sie bekommen halt weniger Aufmerksamkeit. Angebot und Nachfrage, so funktioniert das eben.

Die großen, bekannten Influencerinnen haben ja auch selbst das Recht zu entscheiden, was für Content sie kreieren. Das ist doch auch in Ordnung, wenn eine junge Frau sich für Beauty- und Lifestyle-Content interessiert.

Diese Denkstruktur nennt man Choice Feminism, eine moderne Strömung im Feminismus, die sich auf freie Entscheidungen von Frauen fokussiert. Sie erkennt eine Entscheidung als valide an, solange die Frau sie frei getroffen hat. Ob eine Frau gern eine gute Hausfrau sein möchte, ob sie mit vielen Männern schlafen will oder ob sie Politikerin werden will – es ist feministisch und richtig, solange sie das will.

Klingt an sich erst mal ganz gut. Ich selbst war für den Großteil meines Lebens, wenn auch unwissentlich, Choice-Feministin.

Doch diese Theorie hat Lücken, sie zieht nicht in Betracht, dass wir in einem Zeitalter der Desinformation und der Manipulation aufgewachsen sind. Der Überwachungskapitalismus hat uns Freiheiten genommen, ohne dass wir es gemerkt hätten. Und vor allem wir, die Generation Z, kennen nichts anderes. Denn im Endeffekt geht es nicht darum, ob die Dagi Bees oder Pamela Reifs dieser Welt aus freiem Willen sich so sehr auf ihr Äußeres fokussieren. Denn sie haben Einfluss und das Frauenbild, das diese Kreatorinnen verbreiten, hat Konsequenzen für unsere ganze Generation. Ziemlich erschreckende.

Die Kinderrechtsorganisation Plan International analysierte in einer Umfrage, wie soziale Medien unsere Rollenbilder prägen. Diese ergab, je intensiver junge Menschen Instagram, YouTube & Co. nutzen, desto konventioneller und stereotyper sind die Ansichten über die Rollenverteilung von Mann und Frau.

In allen Bereichen zum Thema Rollenverteilung hatten die Intensivnutzer von sozialen Medien ein weniger emanzipiertes Rollenverständnis als diejenigen, die sich seltener in den sozialen Medien bewegen. So ist es zum Beispiel für 52 Prozent der Jungen, die täglich auf Social Media unterwegs sind, in Ordnung, wenn Frauen für die gleiche Arbeit weniger Geld erhalten als sie. Ich weiß nicht, aber ich hätte mir ein bisschen mehr von meinen männlichen Altersgenossen erhofft. In der Gruppe der jungen Männer, die weniger Social Media nutzen, sind es 29 Prozent.

Noch erschreckender ist aber, dass 32 Prozent der befragten jungen Frauen, die täglich YouTube, Instagram und TikTok nutzen, angaben, es in Ordnung zu finden, wenn Frauen bei gleicher Arbeit weniger verdienen als Männer. Like what? So, du würdest das einfach nur hinnehmen? Für dieselbe Arbeit? Weniger Geld? Einfach nur, weil du ein Mädchen bist? I'm lost.

Das Ergebnis unter den Mädchen, die weniger intensiv soziale Medien nutzen, fiel auch hier geringer aus, 17 Prozent gaben an, das Lohngefälle zwischen Männern und Frauen gerecht zu finden. Ich weiß nicht, wie du dich damit fühlst, aber ich finde das irgendwie schockierend.

Auch bei anderen Themen wie Haushalt und Kindern sieht es ähnlich aus. Die Mädchen, die viel Social Media konsumieren, finden eher, dass Hausarbeit immer noch Frauensache ist, als diejenigen, die weniger dort unterwegs sind. Man kann also sehen, dass die klischeehaften Rollenbilder, die auf Social Media sehr präsent in die Welt getragen werden, einen direkten Einfluss auf das Denken junger Menschen haben. Soziale Medien haben eine unglaubliche Macht, was beispielsweise feministischen Protest und Aktivismus angeht, doch die Zahlen zeigen, dass die Nutzung von Instagram, YouTube & Co. sexistische Denkmuster sowohl bei Mädchen als auch bei Jungen validiert, verstärkt und sogar anerzieht.

Wenn man sich die bekanntesten Influencerinnen mal anschaut, merkt man, warum das so ist. Sie sind alle unfassbar homogen in dem, was sie machen, wie sie aussehen und an welche Orte sie fahren. Vor allem Werte kommunizieren sie meist nur indirekt. Das geschieht durch das unkommentierte Vorleben. Die typische Karriere einer Influencerin sieht so aus: Beim Start ihres Accounts hat sie meist Vorteile, was ihr Weißsein, ihre Schönheit und ihre Schlankheit angeht. Die Followerzahlen wachsen, ihren Erfolg misst sie darüber, wie viele Menschen sich für sie, basierend auf ihrem Äußeren, interessieren. Sie hat immer mehr Möglichkeiten und Geld, um ihr Aussehen zu pflegen, indem sie jeden Tag Zeit in ihre Haare, ihr Make-up und ihr Outfit investiert. Sie beschäftigt sich mit diesen Themen, sie spricht darüber. Zu viralen aktivistischen Bewegungen repostet sie etwas, sonst schweigt sie. Sie ist hübsch, süß und nett. Sie ist halt *sie selbst*. Irgendwann bekommt sie einen gut aussehenden Fotografen-Boyfriend, mit dem sie dann die dritte Eigentumswohnung kauft und von dem sie irgendwo in einem Herz aus weißen Rosenblättern *endlich* den Heiratsantrag bekommt. Geheiratet wird am Strand oder in einem Schloss, monatelang überwiegt dieser Content auf ihrem Account. Alle kommentieren solche »Goals«, denn eine Traumhochzeit, das ist das wahre Ziel im Leben einer jungen Frau. Dann kommt das Baby – Schwangerschaft und Mutterschaft werden glorifiziert und mit Insta-Filtern ein bisschen cuter gemacht, aber hey!, sie zeigt ja auch die *echten* Momente mit Messy Bun und Babybreikleckerei.

Die typische Influencerin hat viele Privilegien, die andere Frauen nicht haben, aber vor allem hat sie eines: Zeit. Zeit fürs Spielen mit dem süßen Baby, Zeit, gesunde Mahlzeiten für alle drei zu kochen, Zeit für Maniküre, frische Dyson-Locken jeden dritten Tag und die Balayage. Sie ist die ideale, modernisierte Version der perfekten Frau der Fünfzigerjahre des letzten Jahrhunderts.

Ich finde es immer ein bisschen merkwürdig, wenn mir jemand versucht zu erklären, dass die böse Rapmusik alle Kiddies auf Xanax abspacken lässt oder dass wir alle nur dumme Handysüchtige Insta-Barbies werden, weil wir so viele »perfekte« Menschen auf Instagram, TikTok und YouTube sehen. Ein Teil von mir ist da noch zu sehr in einer augenverdrehenden Teenieexistenz, die alles, was von besorgten Erwachsenen kommt, absolut lahm findet. Aber irgendwie bin ich auch schon weiter als das, weil ich ganz einfach bei mir selbst erkenne, dass mich das, was ich auf Insta sehe, nicht kaltlässt. Diese Influencerinnen, von denen ich spreche, sind auch nicht per se ein schlechtes Vorbild oder gar schlechte Menschen, weil sie einen privilegierten Lifestyle leben, den junge studierende oder berufstätige Frauen einfach nicht haben können. Das Problem ist, dass es kein Bewusstsein darüber gibt, dass dieses Frauenbild uns Werte anerzieht, die uns selbst behindern können.

Es ist kein Zufall, dass mit fortschreitender Gleichberechtigung auch ein verstärkter Fokus auf klassische oder neue Ideale von Weiblichkeit vermittelt wird. Die Entwicklung in unserem patriarchalen System funktioniert wie zwei Rolltreppen nebeneinander. Eine fährt aufwärts, wir sind immer gleichberechtigter in der Art und Weise, wie wir unser Leben führen, welche:n Partner:in wir haben und welchen Beruf wir ausüben. Aber die andere Treppe geht in die entgegengesetzte Richtung. Früher gab es Hochglanzmagazine und den Playboy, es galt, gepflegt auszusehen. Heute sind wir alle unser eigenes Hochglanzmagazin, wir setzen für uns Maßstäbe, für die wir weder das Geld noch die Zeit haben. Es ist ein ganz simpler Mechanismus: Frauen bekommen in einer Gesellschaft mehr Freiheit, doch nun wird die Sexualisierung intensiver als zuvor, der Wert einer Frau wird noch stärker an ihrem Aussehen gemessen. Juicy-Ass-Training, Push-up-BHs, Lip plumping Gloss, Tiny-Waist-Corsett. Hier habt ihr Equality,

aber jetzt müsst ihr mehr Zeit und Geld in euer Aussehen investieren, um euch gut zu fühlen, Zeit, die ihr in eure Ausbildung
oder Karriere hättet investieren können, aber ups… ihr seid also
immer noch 'n bisschen unterdrückt, haha, xoxo Patriarchat.

Es ist nichts falsch am klassischen Ausdruck von Weiblichkeit,
daran, sich selbst zu sexualisieren, an großen, gemachten Brüs-
ten oder an Lack-High-Heels. Wir brauchen aber ein Bewusstsein
darüber, woher dieses Bedürfnis kommt, männlichen Idealen zu
entsprechen und sie zur Grundlage unseres Selbstwerts zu machen. Wir müssen lernen, diese Denkstruktur und diese Rolle zu
hinterfragen, um uns anschließend aktiv für oder gegen sie zu
entscheiden oder, wie in den meisten Fällen, für eine Zwischen-
form. Ich liebe pinke Miniröcke, Glitzernägel und Glow-in-the-
dark-Dildos, but bro, I love some politics, finance and philosophy
as well!

EINFLUSS, BLASEN
UND DIE WELT

Es ist offensichtlich, doch zwischen Hautcremes und Hauls vergessen wir alle oft, worum es wirklich geht. Es liegt im Wort selbst: Influencer. Influence. Einfluss. Der *New York Times*-Kolumnist Kevin Roose schreibt in einem Artikel:»Und mir wird immer klarer, dass die Teenager und 20-Jährigen, die diese Plattformen beherrschen und die oft als flache Narzissten abgetan werden, nicht nur die Internetkultur oder die Unterhaltungsindustrie dominieren werden, sondern die Gesellschaft als Ganzes.«[19]

»Die Art und Weise, wie Influencer oder Creators zu denken, ist die eines Unternehmers«, sagt Chris Stokel-Walker, Autor des Buches »YouTubers«[20]. Ich denke an die ganzen Gen-Z-Kids, die vielleicht nicht mal selbst Influencer oder Influencerinnen sind, die aber durch Social Media gelernt haben, ihre Hobbys, sei es Nähen, Ringebasteln oder Shirtsdesignen, zu einem Small Business aufzubauen und über TikTok zu vermarkten. Und ich sehe so viele innovative, kreative Beispiele von jungen Menschen, die sich sogar Skills, die man früher in Jahren Studium und Ausbildung lernen musste, selbst beibringen. Und das mit großem Erfolg.

»Diese Leute gründen Unternehmen, stellen Mitarbeiter ein und verwalten Budgets. Dies sind Fähigkeiten, die man hervorragend auf andere Bereiche übertragen kann.«[21] Influencer:innen werden ausgelacht und belächelt, und das ist an vielen Stellen auch berechtigt. Vieles ist leer und funkelnd, aber eben nicht alles. Und am Ende des Tages haben diese jungen Menschen, ob man sie mag oder nicht, eine unglaubliche Macht.

Ältere Menschen verstehen nicht, wie so etwas passieren kann. Wie junge Menschen Medienimperien aufbauen mit solch unglaublichen Reichweiten. Wieder einmal der sich immer wiederholende Generationenkonflikt.

Es ist Dezember und ein mittelalter Typ, der seine eigene Berufsbezeichnung daherstammelt, weil er so ein Bargründer, manchmal Autor-Dude ist, schreibt einen Artikel über mich in der *Welt*. Ich kenne das mit dem Stammeln um die Frage, was ich so beruflich mache. Künstlerin, Influencerin, angehende Journalistin, Studentin... keine Ahnung, alles Müll. In seiner Nachricht an mich nennt er es einen Artikel im *Lost in Translation Style*, ebenfalls keine Ahnung, was das sein soll.

Der Text heißt: »Wie ich mich einmal bei einer Influencerin alt fühlte.«

»Sie erzählt von ihrem Buch. Worüber sie schreibt, frage ich. ›Gen Z‹, sagt sie wie jemand, der oft Gen Z sagt, und ich suche zwischen Jay-Z und Stormzy nach einem Rapper, der so heißen könnte. Eben wie jemand, der nie Gen Z sagt. ›Generation Zett‹, übersetzt sie und es fühlt sich an, als würde sie mir über die Straße helfen. Generation Zett. Natürlich. Ich lache. Sie grinst.«[22]

Ich mag den Stil und hoffe, dass ich eines Tages auch so beflügelt ironisch schreiben kann. Es ist sehr berührend zu lesen, wie aus mir eine Figur geformt wird, ein Charakter, eine Plastik, bestehend aus den circa drei Stunden, in denen er mich kennengelernt hat. Es löst viel in mir aus, da ich den Prozess ganz klar vor meinen Augen sehe, das detailgetreue Beschreiben und das atmosphärische Dazudichten.

»Ich frage mich, ob ihre Welt nicht die realere ist. Schließlich existiert meine Welt in ihrer Wahrnehmung. Während ihre Welt in meiner Wahrnehmung in einem ›Als-ob‹-Modus läuft. Sie nennt Zeitungsleser ›Oldschool Cloud‹. Sie hat Landkarten über meine Welt. Ich habe nur Mythen über ihre. Wäre es ein Krieg, würde ihre meine überrennen wie eine moderne Armee einen Stamm Eingeborener.«[23]

Ich würde niemals Oldschool Cloud sagen, aber das ist auch egal. Er macht das, was ich so gern tue: kleine, unbedeutende Momente analysieren und zu Geschichten formen. Aber so unbedeutend ist das alles vielleicht gar nicht: »Sie ist Gen Z. Seit sie da ist, ist der Kapitalismus genauso alternativlos, wie er am Ende ist. Dass etwas untergehen kann, ohne dass man eine Alternative dafür hat, ist vielleicht eine ihrer Grunderfahrungen. Ich weiß es nicht. Ich sage nie Gen Z. Aber wenn das so ist, dann ergibt vieles Sinn für mich.«[24] Ich bin ein bisschen frustriert darüber, dass jemand das, was ich hier auf knapp 200 Seiten versuche zu schreiben, so auf den Punkt bringen kann. Generation Z, das Ende des Alphabets, das Ende des Kapitalismus, eine Ausweglosigkeit.

Ich scrolle runter, obwohl ich weiß, dass ich das nicht tun sollte. Die Kommentare versetzen mir einen kurzen Stich. Was diese Kommentare zeigen, ist jedoch genau das, was der Autor spielerisch versucht hat aufzuheben: die klaffende Lücke zwischen den Generationen. Es ist nur eine Vermutung, aber ich glaube, er wollte Brücken bauen und trotzdem ein bisschen witzig und kritisch bleiben.

Ich schreibe ihm eine Nachricht. Seine Antwort: »Die Brücke, die du siehst und die ich baue, die ist für ihn nicht da. Er sieht was Fremdes oder Neues und macht die Schotten dicht. Er altert unschön. Dabei liegt vor ihm eine Geschichte darüber, schön altern zu können. Der Text handelt von jemandem, der erst pauschale Vorbehalte hat, bis er dich, stellvertretend für deine Generation oder deinen Lifestyle, kennenlernt, an seine eigenen Grenzen stößt und feststellt, dass es nicht unwahrscheinlich ist, dass ihm selbst die Welt entgleitet, und der dann beschließt, darauf zu vertrauen, dass sie in guten Händen ist. Es geht um den inneren Dialog meiner Generation. Du stellst die Zukunft dar, ich die Gegenwart.«

Die Leser:innen unter dem Text zeigen nicht nur, dass sie ein Problem mit Influencer:innen haben, sondern dass sie unsere ganze Welt nicht verstehen.

Er schreibt mir: »Wenn jemand am wenigsten in einer Blase lebt, dann du. Der Welt-Abonnent, der im Reihenhaus in Bad Kartoffelhausen seinem 9–5 nachgeht und keine fünf Freunde hat, lebt in einer Blase. Und auch in einer sehr engen. Du machst alles richtig. Das heißt nicht, dass du keine Fehler machst. Das heißt, dass Fehler zu Erfahrungen gehören, Erfahrung selbst aber richtig ist. Und wenn ich und meine Generation schlau sind, lernen wir von dir, wie Zukunft geht.«

Das mit Bad Kartoffelhausen finde ich sehr witzig, aber auch ein bisschen zu verurteilend. Ich habe nichts gegen Kleinbürger in Vorstädten, deren jährliches Highlight das sommerliche Grillfest ist. Vielleicht werde ich ja auch mal so. Trotzdem lässt mich das nachdenken, die ganze Sache mit den Blasen.

Da gibt es einerseits diese politische Debatte über Internetblasen: dass die großen Social-Media-Monopole diese Bubbels und Echokammern kreieren, die unsere Gesellschaft spalten, uns weit voneinander wegbringen. Trump, die Extremisten und das alles. Doch das meine ich gar nicht, ich denke, es ist ein bisschen mehr als das. Die Menschen, die diese Debatten führen, haben recht, früher war es nicht so einfach, rechtsextremistische Influencer:innen zu finden und sich von ihrem Charisma in den Bann der antidemokratischen Blase ziehen zu lassen. Aber trotzdem lebten Menschen schon immer in ihrer eigenen Wahrnehmung und Lebensrealität. Wie kann das eine Beleidigung sein: *Du bist total abgedroschen von der Welt*? Was ist denn überhaupt diese »Welt«? Wir können heute alles sehen, und dennoch gibt es keine allgemeine Wahrheit mehr, die gab es auch noch nie. Früher haben alle dieselben drei Fernsehsender und Zeitungen gelesen, das war die *echte Welt*, heute gibt es unendlich viele Versionen von allem, aber nicht, weil sie erst jetzt entstanden sind, sondern weil sie erst jetzt sichtbar geworden sind.

Natürlich sind Influencer:innen eine Art falsche Glitzerblase, doch das sind alle anderen Lebensrealitäten auch. Wenn für Jürgen aus Bad Kartoffelhausen das *Nine-to-five*, der Bausparvertrag und die Kinder das echte Leben sind, dann sind genauso für Influencerinnen die gesponserten Trips auf die Bahamas und das Testen von Hautcremes das echte Leben. Außerdem, ein:e Influencer:in, ein:e »Beeinflusser:in«, zu sein, sagt auch noch nichts über die Art der Beeinflussung aus, ob sie negativ oder positiv ist. Einfluss ist an sich erst mal vor allem eines: Macht. Und was jeder Einzelne damit macht, bleibt ihm oder ihr überlassen.

SEX UND LIEBE

Lorbeerblätter

*Weißt du, ich habe dich
ersetzt.
Kam mit einer schweren Axt.
Und habe deinen Stamm
entfernt.*

*Doch Lorbeerblätter haben
Dornenstacheln.
Und meine Hände bluten im
Licht.
Mein Blitz schlägt ein,
Lässt dich zu schwarzem
Staub zerfallen.
Trägt mich fort von dir.*

*Aber Gewitter ziehen auch
vorbei.
Rote Früchte an deinen
gelben Blüten.*

*Ich tanze nackt mit Aletheia
Streichle ihre helle Haut.
Und küsse mit den Perlmutt-
Tränen.*

*Vielleicht bist du nur ein
Frühlingsspiel.
Weil ich das helle Blitzen
Und die dunklen Wolken so
vermisse.*

*Aber die Tochter im hellen
Kleid
Hat anderes prophezeit:
Will wieder an
Zeitungsständen lehnen.
Und deine Lippen küssen.*

ONLINE LOVE

Es ist Dienstagabend. Der Wind drückt gegen meine Fenster. Die Welt draußen ist dunkelgrau. Meine Wohnung ist beheizt wie eine Umarmung. Und trotzdem ist mir kalt. Die weißen schweren Decken genügen nicht, um der Kälte zu entfliehen.

Ich sehne mich nach der Wärme einer Person, die nicht existiert. Eines Menschen, den ich in meiner Vorstellung kreiert habe.

Meine Suppe ist heiß, ich verbrenne mich an ihr. Mein Hals schmerzt und mein Bauch bleibt leer. Ich brauche Nähe. Und die Stadt ist riesengroß. An jeder Ecke wartet ein Mensch darauf, geliebt zu werden.

Ich öffne mein Handy. Ich stelle den Topf auf die Seite und ziehe die Decke über mich. Eine dunkelrot leuchtende App schaut mich fragend an. Rot wie die Rosen im Mai. Rot wie die Liebe auf Werbeplakaten. Rot wie die Schnörkelschrift auf Plastikkarten.

Ihr Gesichtsausdruck wirkt erzwungen. Unsicher. Ihr Oberteil grün wie eine Kröte. Ich wische nach links. Weg. Sein Körper macht mir Angst. Viele Muskeln und kein Gesicht. Links.

Menschen flattern an mir vorbei. Ich will nicht mehr. Aber was, wenn dort die eine Person auf mich wartet. Was ist, wenn ich sie verpasse?

Sie hat kurze, geblichene Haare, dicke Lippen und buschige Augenbrauen. Ihr Körper ist dünn und mager. Ihr Blick richtet sich in eine abgeschnittene Ferne. Auf einem Bild ist sie nackt zu sehen. Ihre Rippen stechen durch ihre helle Haut. Etwas in mir bewegt sich. Ich frage mich, wer sie wirklich ist. Sie ist besonders und mein Finger gleitet nach oben. Ein blauer Stern fliegt über den Bildschirm. Super-Like.

Bumble. Tinder. Hinge. Loovoo. Okay, Cupid.

Verschiedene Namen. Verschiedene Entwickler:innen Immer dasselbe Konzept. Hier und da sprießen neue Dating-Apps hervor, die meinen, sie seien nicht so oberflächlich wie die anderen. »Bei uns kannst du deine Hobbys angeben.« Die Garantie für eine gelungene Beziehung.

Doch das Groteske an diesen Apps ist nicht, dass wir uns anstatt in einer Bar in Kreuzberg oder beim Bäcker-um-die-Ecke im Internet kennenlernen. Sondern dass hinter den Swipes und Likes ein Multimilliarden-Dollar-Geschäft steckt, das von unserer Einsamkeit, Geilheit und Verzweiflung profitiert.

Zu sagen, es wäre ein Problem, das die Dating-Apps kreiert haben, wäre unfair. Denn der beschleunigte Spätkapitalismus funktioniert nur so, weil wir immer wieder das Gefühl haben, nicht gut genug zu sein. Keine glatte Haut? Hier ist das neue Invisble-Pores-Make-up. Nicht dünn genug? Ekelhafte überteuerte Saftkuren oder Boutique-Fitness-Mitgliedschaften. Zu faul, um rauszugehen? Kauf dir 'ne Gymondo-Mitgliedschaft und mach Squats auf dem Teppich!

Willkommen in der Welt, in der wir aufgewachsen sind. Doch irgendetwas unterscheidet all diese geldgenerierenden Minderwertigkeitskomplexe von Dating-Apps. Die Cosmopolitan schreibt: »So gut wie JEDER Flirtwillige ist von ›Tinderitis‹ betroffen (= süchtig nach der Dating-App), denn die macht das Kennenlernen von neuen Leuten so einfach wie noch nie.«[25] Und auch so einsam wie noch nie.

Dating-Apps sind eine Grauzone aus Lust, Verzweiflung, Hoffnung und Scham. Heute wird es akzeptiert, wenn du sagst, ihr habt euch auf Tinder kennengelernt, und trotzdem bleibt eine typische Frage beim ersten Offlinedate oft: »Was erzählen wir den Leuten, wenn sie uns fragen, wie wir uns kennengelernt haben?« Das frage ich auch Sophie bei unserem ersten Date. Sie lacht peinlich berührt. Ich habe die Frage als Witz gemeint, aber irgendwie auch nicht. Sophie hat blonde Augen und ein strichförmiges Tattoo mit ineinanderlaufenden Regenbogenfarben.

Sophie ist mein zweites Tinderdate. Das erste war vor ein paar Monaten, als ich noch zu Hause bei meinen Eltern wohnte. Ihr Name war Sophia. Meiner Mutter hatte ich erzählt, wir hätten uns über Instagram kennengelernt. Weil Instagram einfach besser klingt als Tinder.

Jetzt sitzen wir also bei einem Italiener in Prenzlauer Berg und erfinden Geschichten über unser Kennenlernen. Sie ist schüchtern und wirkt nervös. Nach dem Essen und dem ersten Wein gehen wir über die Straße in eine Bar. Wir reden über Kunst und unsere Träume und versinken in der Couch. Sie fragt mich, wie viel Uhr es ist, und will nach ihrem Handy greifen. Ich sage: »Wir haben noch genug Zeit«, und küsse sie.

Am nächsten Morgen fährt sie wieder nach Köln. Wir sind in der gelben Trambahn und ich halte ihre Hand. Sie war nur für ein paar Tage in Berlin. Ich steige aus und habe sie seitdem nie wieder gesehen.

Ein paar Monate sind vergangen und ich lebe jetzt in New York. Ich sitze in einem Café in Soho und schreibe. Mein Handy blinkt kurz auf und ich schaue auf den Bildschirm:

Sophie: Ich vermisse dich.

In Deutschland ist es ein Uhr nachts und sie ist betrunken. Ich frage mich, was sie die letzten Monate gedacht hat und warum sie immer noch an mich denkt.

Ich weiß nicht, ob es Einsamkeit ist oder ob sie mich, und ich meine wirklich mich, vermisst. Wieder öffne ich die rote App und wische vor mich hin. Die Mädchen in New York sind wunderschön. Interessant, künstlerisch, verschieden. Und trotzdem kann ich nicht aufhören, daran zu denken, wie paradox es ist, dass Tausende, sogar Millionen von Menschen an unseren Fingerspitzen liegen und wir uns trotzdem so einsam fühlen wie noch nie.

Aber wie kann das sein? Heute wird unser Partner oder unsere Partnerin nicht von unseren Eltern ausgewählt. Es geht nicht mehr um Macht, die Erhaltung der Monarchie oder die Wahrung der Familienehre. Wir müssen auf keine unangenehmen Faschingsbälle oder in den Standard-und-Latein-Tanzkurs, um jemanden kennenzulernen. Wir brauchen keine Blind Dates oder Geburtstagsfeiern von Freunden, die es ja nur gut mit uns meinen. Wir müssen eigentlich nicht mal unseren Schlafanzug, unser Bett oder unser Haus verlassen, um uns zu verlieben.

Aber abgesehen davon, dass Liebe mit Bildschirm und Pyjama ziemlich langweilig klingt, sind unüberschaubare Möglichkeiten ähnlich bedrückend wie eine komplett von außen bestimmte Partnerwahl. Früher gab es weniger Leute, die man kennenlernen konnte – und heute sind wir überfordert mit der Auswahl, die wir haben.

Unverbindlichkeit charakterisiert unsere Generation. Treffen mit Freunden bleiben lose Verabredungen. Beziehungen hängen oft in der *We-are-a-thing*-Phase. Irgendwo wartet jeder auf etwas Besseres. Dass doch die Freundin mit der großen Wohnung anruft, weil sie eine Party feiert. Oder wir den coolen, kreativen, aber auch einfühlsamen und unkomplizierten Skater-Tumblr-Boy matchen werden.

Wir leben in einer Welt mit endlosen Möglichkeiten. Endlosen Studiengängen. Endlosen YouTube-Videos. Endlosen Datematches. Und in jedem Moment, in dem wir uns aktiv für etwas entscheiden, entscheiden wir uns automatisch auch gegen unendlich viele andere Möglichkeiten.

Das Ganze geht so weit, dass wir sogar Angst davor haben, Entscheidungen zu treffen. Ich habe Freunde überall auf der Welt, und trotzdem finde ich immer wieder an den Punkt, an dem ich sage: *I hate decisions*.

Also warten wir und sagen: Lass uns spontan treffen, oder wir bleiben monatelang ein Thing. Aber was zur Hölle ist ein Thing? Ich glaube, der Denkfehler dabei ist: Keine Entscheidung treffen ist auch eine Entscheidung.

Die Soziologin Eva Illouz erforscht die Entwicklung der romantischen Liebe in modernen westlichen Gesellschaften.[26] Sie definiert: »Verliebtsein bedeutet, sich auf eine Person zu konzentrieren, die man als einzigartig begreift.« Es ist das warme, erleuchtende Gefühl in uns, weil die Person, die vor uns steht, besonders ist. Anders, kreativ, verständnisvoll.

Früher gab es weniger Möglichkeiten, neue Menschen zu treffen. Und wenn wir weniger Personen kennen, ist die Wahrscheinlichkeit auch höher, eine von ihnen als einzigartig zu empfinden. Sich für sie zu interessieren. Mit ihr zu flirten. Sie kennenzulernen. Und zu merken, wie *special* sie ist.

Doch mit dem Internet wird der Mensch austauschbar. Wenn wir lange genug swipen, können wir ein seltsames Spiel spielen. Menschen in Kategorien einteilen. E-Girls, Skater-Boys, Cloud-Rapper, Insta-Baddies, Vintage-Girlies, Soft-Boys. So grotesk ist es gar nicht. Wir tun es schon längst, und zwar nicht nur auf Tinder, sondern in allen sozialen Medien. Durch die Kategorisierung wird auch klar, was hier passiert: Der Mensch wird zur Konsumware.

In einem Gedicht namens »Um den Brunnen zu füllen«, das ich vor einiger Zeit schrieb, lautet eine Strophe:

> *Das Licht geht aus, die Welt zerfällt.*
> *Ein Brunnen der immer nur tiefer geht.*
> *Schmerzend in meinem Körper steht.*
> *Und sich einen Mensch bestellt.*

Einen Menschen bestellen? Verstörend. Ich schrieb diesen Vers damals nicht, weil ich fand, dass es sich cool anhört oder poetisch wirkt, sondern weil es sich so anfühlt. Wenn ich Gedichte schreibe, habe ich keinen konkreten Gedanken vor mir, den ich abstrahiere. Die Abstraktion ist das Gefühl selbst.

Manchmal stelle ich mir Dating-Apps wie einen riesengroßen Supermarkt vor. Mit vielen verschiedenen Abteilungen. Einmal

Soft-Boy und Poetry-Girl zum Mitnehmen, bitte. Und das Faszinierende daran ist, dass, sobald der Match entsteht, beide gleichzeitig zum Käufer und zur Ware werden.

Heute wollen wir Liebe, Nähe oder Sex schnell, sofort und zu jeder Zeit verfügbar haben. Aber warum? Als Kinder des hyperdynamischen Spätkapitalismus kennen wir nichts anderes als Schnelligkeit. Alles um uns rum ist charakterisiert durch Kurzlebigkeit: Produkte, Modetrends, Politik, Fast Food, Fast Fashion, Fast Love.

Also auch Generation Fast Sex?

Nicht wirklich. Verschiedene amerikanische Studien[27] zeigen, dass junge Menschen weniger Sex haben als die Generationen vor ihnen. Die aktuelle Forschung bezieht sich dabei aber vor allem auf Millenials, die Generation vor uns. Das liegt daran, dass »unsere« Generation zwischen 10 und 25 Jahren ist, viele Gen Z's sind also noch zu jung, um sexuell aktiv zu sein. Dennoch ist zu erkennen, dass der Trend weiter fortgeführt wird.

Trotz Dating-Apps und Hook-up-Culture findet der meiste Sex auch heute noch in festen Beziehungen statt, diese werden aber immer seltener. Die entstandene Lücke wird durch das Internet gefüllt. Wir haben weniger physischen Sex und mehr virtuellen Sex. Es ist schwieriger, einen Partner oder eine Partnerin, und einfacher, Sex online zu finden.

Eine Zukunft, in der wir alle nur noch Sex mit Robotern haben und online miteinander kommunizieren, klingt ziemlich düster. Sie wird so aber wahrscheinlich nicht kommen, weil das menschliche Bedürfnis nach physischer und emotionaler Nähe stärker ist als die Tendenzen unserer Zeit. Die Frage, die sich also stellt, ist: Wie gehen wir mit dieser Erkenntnis um? Datingplattformen boykottieren oder revolutionieren? Ich glaube, das Problem liegt nicht einmal an den Apps, sondern vielmehr in uns selbst. Dating-Apps sind wie ein Projektor, der uns zeigt, wie unsicher wir wirklich sind. Wir wissen oft nicht, was wir wollen, wollen sollen oder wollen dürfen. Das Chaos in der Welt hat das Chaos in uns mitgeprägt.

Sollen wir diese Apps benutzen? Eine Antwort zu finden, ist schwierig, vielleicht sogar falsch, wenn man von einer ganzen Generation spricht. Ich glaube, es geht auch nicht wirklich darum, ob wir Dating-Apps benutzen oder nicht, sondern vielmehr darum, *wie* wir sie benutzen und wie wir auch offline mit unseren Beziehungen umgehen. Denn im Endeffekt ist nicht der Akt des Swipens problematisch, sondern das ganze System, das sich dahinter verbirgt.

Um uns nicht einsam oder isoliert zu fühlen, müssen wir herausfinden, was wir wollen. Wir müssen lernen, uns aktiv zu entscheiden und die Grenzen unseres Nutzerverhaltens herauszufinden. Date-Matches basieren – wie es bei den meisten anderen Social-Media-Plattformen der Fall ist – auf einem Instant-Gratification-System, das viele Ähnlichkeiten mit Drogen aufweist. Das blinkende Licht setzt Dopamin in unserem Gehirn frei.[28] Psychologen gehen davon aus, dass Matches das Gleiche bewirken wie Likes.[29] Auch hier suchen wir unterbewusst nach Bestätigung. Diese Art der Befriedigung kann sich schnell zu einer psychischen Abhängigkeit entwickeln. Das Gehirn wird auf schnelle, kurzlebige Dopamin-Highs programmiert und braucht immer mehr.

Wenn Dating-Apps also eher als Egoboost fungieren, wird klar, warum aus den Tausenden Matches auch oft nichts wird. Wir öffnen die App, swipen, matchen, verteilen und erhalten ein paar Komplimente, fühlen uns besser und schließen sie. Einmal mehr geht es nicht wirklich um zwischenmenschliche Beziehungen, sondern nur um uns selbst.

Trotz allem dürfen wir eins nicht vergessen: Hinter den Algorithmen, Bildern und Swipes sitzen echte Menschen. Und manchmal sind es eben doch genau die Menschen, die wir jetzt gerade brauchen.

Es ist Anfang Februar in New York. Ich bin seit ein paar Tagen hier. Ich möchte alle Ecken der Stadt kennenlernen. Jeden Winkel und jede Art von Mensch. Also öffne ich die App, die mich noch in Berlin so bedrückte, weil sie mir meine Einsamkeit wie einen Spiegel vors Gesicht hielt.

Aber hier und jetzt ist alles anders. Ich bin frei und die Stadt leuchtet. Ich bin versunken zwischen zwei Matratzen und drei Decken in dem langen Zimmer im zwölften Stock. Ich wische über meinen Bildschirm und nehme es nicht wirklich ernst.

Wie auch damals in Berlin fliegen die meisten Gesichter an mir vorbei. Wenn ich den Mädchen auf der Straße oder in der U-Bahn begegnet wäre, wäre ich nicht einmal in der Lage, sie wiederzuerkennen.

Aber manchmal stoße ich auf Mädchen, die anders sind. Nicht weil sie sich auf den ein bis acht Bildern so sehr von den anderen unterscheiden, sondern weil sich das, was sie in mir auslösen, anders anfühlt.

Cas war die eine Person, die mich in New York wirklich interessierte. Sie hat blonde Locken, ein weiches Gesicht und traurige graublaue Augen. Ein Bild zeigt sie im Central Park mit Gitarre. Auf ihrem Profil steht: »I will write you a poem.«

Es gibt kein unnötiges How-are-you. Keinen anstrengenden Small Talk. Ich frage sie, was für Dichter sie liebt. Jorge Luis Borges. Später sagt sie einmal, meine Gedichte erinnerten sie an ihn. Ich bin berührt, doch ich glaube ihr kein Wort.

Zwei Tage später treffe ich sie vor einem Restaurant in der Lower East Side. Ihre Haare sind verwuschelt und sie trägt große eckige Kopfhörer. Cas studiert Film an der NYU Tisch School of the Arts. Sie kommt aus Madrid und hat in Paris gelebt, bevor sie nach New York zog. Wir essen Nudeln und sie erzählt mir von ihrer Faszination für Emotionen und Religionen. Wir sprechen auf Spanisch und ich merke, dass ich mich mit meiner Mutter noch nie über Kunst und Philosophie unterhalten habe. Wörter wie Paradoxon, Gegensätzlichkeit und Metaphysik bleiben auf der Strecke zwischen Kopf und Mund hängen. Ich glaube, sie findet es süß. Ich mag die Energie zwischen uns. Wir sind beide selbstbewusst und doch irgendwie nervös. Nach dem Essen möchte ich noch nicht gehen, doch es hat angefangen zu regnen.

»We can go to the radio.«

Ich denke, sie meint ein Café oder eine Bar. Wir laufen durch die Stadt und ich kann nicht aufhören zu denken, wie glücklich ich hier bin. Wir gehen vorbei am Washington Square Park und stehen vor einem Gebäude mit großen lila Flaggen. New York University. Wir gehen rein und ich bin etwas verwirrt. Cas bringt mich in den Keller und auf einmal verstehe ich, wo wir sind. Der Vorraum des Zimmers riecht nach wässrigem Bier. Der kleine Raum ist vollgestopft mit CDs, Platten und Kassetten. An den Wänden hängen zerkratzte Poster von Bands, die ich nicht kenne. An einer Seite steht eine dreckige Couch und an der anderen ein Schreibtisch mit einem Mischpult, Mikrofonen und Controllern. Wir sind in der NYU-Universitätsradiostation.

Alles fühlt sich an wie eine Collegefantasie. Das Licht ist aus. Der Laptop flackert. Sie zeigt mir spanische Trapmusik. Wir sitzen auf den Schreibtischstühlen, als wir uns küssen.

Bevor ich zum Six Train laufe, rauchen wir Zigaretten im Regen vor einer überdachten Tür unter einem No-Smoking-Schild.

Ein paar Wochen später bricht die Coronapandemie aus. New York wird sich zum weltweiten Epizentrum der Krise entwickeln. Innerhalb von kurzer Zeit werden alle Schulen in der Stadt geschlossen und wir müssen beide zurück nach Europa. An Orte, die für keine von uns ein Zuhause sind. Ein paar Stunden vor meinem Abflug kommt sie noch mal an die Upper East Side, um sich zu verabschieden. Sie gibt mir eine kleine Papierrolle und sagt: »I told you I would write you a poem.«

Im fast leeren Flugzeug öffne ich den Zettel. Ich lese den ersten spanischen Vers und spüre, wie ich zerbreche. Mein Atem stockt und ich kann nicht aufhören zu weinen.

Hola!
Für dich, meine Frau aus Bronzestaub, natürlich und für immer.
Du hast es nicht bemerkt… das mit dem Mädchen der Zeit.

Dass die Wolken keine Flügel mehr haben, sie sind braun,
und ich, ich möchte zum Himmel sterben.
Ich habe versucht, in deinem Blick zu schlafen, ich wusste
nicht, dass man Stille weinen kann.
Es ist für dich, dieses Augustlächeln, wenn ich immer
noch den Schmerz einer zusammengesetzten Brise aus
Nachnamen spüre.
Ich glaube, ich bin ein bisschen wie du, wenn ich auf den
Boden schaue.
Trotz allem erinnerst du mich an eine Zeit, die ich vergessen
hatte, du bist die Milchstraße in meiner Brust.
Wenn ich auf dein Gesicht schaue, tut mir ein Tod leid, der
nicht ganz mir gehört.
Es tut so weh und so weh zu sein, wenn ich auf den Fluss
schaue.
Wir haben uns nie so gesehen wie die Vögel, die nach unten
blicken.
Dein Haar ist eine Trauer, die ich versteckt habe. Du lässt
mich vergessen, was das Wort Scham bedeutet.
Danke für alles und nichts.
Um mich daran zu erinnern, dass die Nacht auch unter
Eidechsen aus Samt träumt.
Nach so vielen Jahren des Wartens verstehe ich endlich
deinen Namen und warum du angehalten hast, ich bin deine
Ampel.
Es ist für dich, dich und all deine bunten Sachen, mit deinen
kleinen Fischen.
Ich kann es kaum glauben:

Nein, ein Lächeln ist kein Messer in Pfützen, ich trinke weiter von ihnen.

Ich hätte nie gedacht, dass Seufzer aufhören würden zu schweigen oder dass mein Tod das Ende deiner Lippen sein würde.

(CLG)

Es ist das Schönste und Wertvollste, was mir jemand geschrieben hat. Ich bin froh, Cas in dieser seltsamen, rot blinkenden App gefunden zu haben.

DILDOS, DORMS
UND DADDY

An meiner Wand in meinem Dorm-Zimmer an der Upper East Side hängt ein Plakat der Zürcher Künstlerin Luma Westbau. Darauf steht: »PROMOTE ANAL AND DILDO SEX. STOP REPRODUCTION«. Die Mutter meiner ebenfalls 19-jährigen Mitbewohnerin aus Norwegen steht entsetzt in unserem Zimmer. Sie ist peinlich berührt und sorgt sich um das Wohl ihrer Tochter, die mit so einer obszönen jungen Dame wie mir zusammenwohnen wird. Ihre Empörung befriedigt mich.

Ein Jahr zuvor sitze ich in einem kahlen Klassenzimmer in der Kleinstadt. Ich trage, seit ich 15 bin, keine BHs. Auf meinen engen weißen Shirts stehen Wörter wie »Daddy«, »Masturbate« oder »Enjoy Gay Love«. Jeder kann meine Nippel sehen. Meine Klassenkameraden nennen mich »Spitzbusen«, »ökovegane Feministin« und »BH-Verbrennerin«. Besonders ein Junge, dessen Ego und fragile Maskulinität sich von meiner sexuellen Selbstbestimmung angegriffen fühlen, hat es auf mich abgesehen.

Ich genieße seine Reaktion und dass ich einen Grund habe, mich mit jemandem zu streiten. Es ist alles so unfassbar klischeehaftes aufmüpfiges Teenieverhalten, aber das ist mir egal. Resignierend verdreht er die Augen und ich genieße die Provokation.

Sex ist Teil meiner Identität. Und das trage ich gern nach außen. Für mich ist das nichts Verwerfliches. An der Wand in meinem WG-Zimmer hängen alle meine Sextoys, für jeden sichtbar, in einer Art Schuhregal. Ich mag es, die Gesichter von neuen Bekannten zu sehen, die zum ersten Mal bei mir sind, wenn sie einen Blick auf die farblich sortierten Dildos, Analplugs und Fesselinstrumente werfen.

Für mich ist mein Sextoyregal mehr als Dekoration. In fast jedem Schlafzimmer liegt heute das ein oder andere Toy. Sie sind versteckt in Nachttischschubladen und verstaubten Kisten unter der Bettkante. Unsere ganze Welt ist voller Sex, und trotzdem ist vor allem die weibliche Sexualität noch immer unglaublich tabuisiert.

Früher war mir das Thema Masturbation äußerst peinlich. Kein Mädchen in meinem Umfeld würde zugeben, dass sie *so was* macht. Heute ist alles anders und ich bin glücklich darüber, ein so freies Sexleben zu haben. Die aufgehängten Sextoys an meiner Wand symbolisieren für mich meine Befreiung aus Scham und Gefühlen der Unzulänglichkeit. Sie sind ein Verrücken von etwas Persönlichem in die Offenheit. Denn das Private war schon immer politisch.

Für mich sind sexuelle Sprüche auf meinen Shirts oder Dildos an der Wand ein stiller Protest. Die Provokation befriedigt mich, weil die Empörung der anderen bedeutet, dass sie mit einer neuen Realität konfrontiert werden. Ich protestiere gegen eine Welt, in der ich als junge Journalistin in New York nicht ernst genommen werde, wenn ich öffentlich über Selbstbefriedigung und sexuelle Gesundheit spreche. Ich sehe meine Sexualität, die in jüngeren Jahren zu viel Scham, Leid und Ausgrenzung geführt hat, als Teil meiner existenzialistischen Befreiungsphilosophie.

Mein Künstlername Valentina Vapaux setzt sich aus meinem zweiten Vornamen und dem Neologismus Vapaux zusammen. Mit 17 versuchte ich, ein Wort zu finden, das mich bis in die Tiefen meiner Persönlichkeit prägt. *Wenn es ein Wort gäbe, das dich beschreiben würde, ein Wort, das dir die Welt bedeutet – was wäre das?*

Ohne zu zögern formten sich mehrere Buchstaben zu einem Wort: Freiheit.

Auf Finnisch bedeutet Freiheit *Vapo*. Meine Nähe zum französischen Existenzialismus, zur Poesie und zu einer idealisierten Idee von historischer, durch Kampf erlangter Freiheit ließen mich das »o« spielerisch in ein französisches »*aux*« umdichten.

Ich bin nicht typisch oder repräsentativ für das Sexleben der Generation Z. Ich bin einfach nur ich. Und auch das ist keineswegs revolutionär. Ein aufregendes Sexleben zu führen, ist keine Trophäe, es ist einfach nur das, was mich glücklich macht und mich frei und am Leben fühlen lässt.

Aber bin ich denn wirklich so frei?

GENERATION PORNO,
SEX UND MACHT

Die Medien bezeichnen Generation Z gern als »Generation Porno«. Bei Elterngesprächen und Schulworkshops werden wir oft als immergeile, pornosüchtige Jugendliche, die keine Ahnung von Gefühlen oder Liebe haben, dargestellt. Aber ist das wirklich so?

Mit 13 schaue ich zum ersten Mal einen Porno. Ich bin ultranervös und befürchte, ein Kapitalverbrechen zu begehen, als ich auf die Website klicke. Erregt bin ich auch nicht wirklich, einfach nur neugierig. In dem Video ist eine Frau mit einem riesigen, operierten *Kim Kardashian Booty* im Fitnessstudio. Der Trainer reißt ihre Leggings auf und fickt sie auf einem großen Gummiball von hinten.

In Panik schließe ich schnell das Fenster und lösche den Verlauf vorsichtshalber gleich dreimal. Mein Herz pocht rasend und den restlichen Tag meine ich, jeder würde mir ansehen, dass ich etwas ganz Böses getan habe: dass ich einen Porno angeschaut habe.

Eine Studie der Bundeszentrale für gesundheitliche Aufklärung stellte fest: »Zusammenfassend lässt sich festhalten, dass junge Frauen Pornowelten weitgehend meiden oder links liegen lassen. Ihre Kontakte mit Pornographie bleiben vereinzelt und oberflächlich.« Ihre Einstellung sei größtenteils liberal: »Sie finden sie nicht ›schlimm‹ und ›normal‹, nur können sie selber nichts mit ihnen anfangen.«[30] Meine Freundinnen und ich entsprechen diesem Bild. Ich schaue jahrelang keine Pornos mehr, das ist halt so Jungssache. Wenn mir so was gefallen würde, wäre ja etwas falsch mit mir.

Ein paar Jahre später bin ich freier in meiner Sexualität. Pornos sind nichts Peinliches mehr. In meiner choicefeministischen und sexpositiven Weltsicht können Pornos auch etwas Gutes sein. In meiner eigenen Entwicklung sehe ich sie als Hilfsmittel, um herauszufinden, was ich wirklich will. Masturbation, mit und ohne Porno – da differenziere ich nicht so richtig –, kann dazu beitragen, sich selbst besser kennenzulernen. Ich kann zwischen Porno, Fantasie und realem intimen Sex mit meinen Partner:innen unterscheiden.

Meine ich jedenfalls. Aber beeinflussen Pornos mich wirklich nicht? Sind Aufklärung und ein kritisches Hinterfragen und Differenzieren genug, um ein so frauenverachtendes Produkt zu konsumieren? Ignoriere ich da nicht eine ganze Menge?

Eine Sache, die wir gern ausblenden, egal ob es um YouTube oder um YouPorn geht: Wir sind wie so oft vor allem eins – Konsumenten einer Multimilliarden-Euro-Industrie. Jeden Tag macht die Pornoindustrie im Internet 12,6 Millionen Euro Umsatz.[31] Diese Summen werden vor allem durch eines generiert: durch die Sexualisierung und Nutzung des weiblichen Körpers. Ich gehöre zu den jungen Frauen, die davon überzeugt sind: Eine Frau hat auch das Recht, aus ihrem eigenen Körper Profit zu schlagen. Ob das jetzt Werbekampagnen auf Instagram, laszive Bilder auf Onlyfans oder Pornodrehs sind. Trotzdem realisiere ich immer mehr, dass es Widersprüche und Fehlschlüsse in dieser Logik gibt, denn:»Nirgends zeigt sich das patriarchalische Geschlechterverhältnis deutlicher als in der Welt des käuflichen Sex.«[32] Viele feministische Bücher über Sex zählen an dieser Stelle Pornotitel und gängige Praktiken auf, um aufzurütteln und zu schockieren. Was ältere Leser:innen noch entrüstet (die Mutter meines Exfreundes meinte»Ich schau doch keine Pornos, was soll ich damit«), löst bei Gen Z höchstens ein gelangweiltes Gähnen aus.

Früher war eine Pornokassette zu finden aufregend, heute können wir Millionen Versionen davon streamen, wann und wo wir wollen. Und auch wenn Forscher bereits klargestellt haben, dass wir keine pornosüchtigen Sexzombies sind, sind wir trotzdem die erste Generation, die eine Welt ohne Porno-Pop-ups beim Disney-Filme-Schauen gar nicht kennt.

Es ist nicht zu leugnen: Pornos haben einen Einfluss darauf, wie wir uns sexuell verhalten. Eine ältere Kollegin erzählt mir von einem Gespräch mit einem Freund und dessen 13-jährigem Sohn. Der Vater hatte erfahren, dass sein Sohn seine erste Freundin hatte. Um seinen elterlichen Pflichten gerecht zu werden, wollte er mit ihm über Verhütung sprechen. Auf die aufklärenden Tipps über Kondome antwortete der 13-Jährige:»Was für Verhütung, ich spritze ihr einfach ins Gesicht.«

Ich sitze in einem Bagelcafé in Ostberlin und schaue irritiert in meinen Chai Latte.

Ich weiß nicht, ob mich das jetzt überrascht oder nicht. Ich bin 19, er ist 13, und trotzdem gehören wir zur selben Generation. Man kann dieses Verhalten auf das Alter und die damit einhergehende Unreife schieben, genauso wie man meine Pornopanik mit 13 darauf schieben kann. Aber dabei ignoriert man den direkten Effekt, den Pornografie auf die Generation Z hat. Eklatante Rücksichtslosigkeit, wenn es um Sex geht, ist leider nichts Neues. Aber mal abgesehen davon, dass seine Freundin trotzdem schwanger werden kann, ist der Sexismus und der nicht vorhandene Respekt seiner Freundin gegenüber erschreckend. Ich wäre mit 13 nicht in der Lage gewesen, meinem von mir naiv idealisierten Freund mitzuteilen, dass mir das unangenehm ist. Und vielleicht mag sie das ja oder sie kann kommunizieren, dass sie das nicht nice findet. Aber wenn wir die beiden nicht als Individuen betrachten, sondern als emblematische Vertreter von Generation Z, kann man das stark bezweifeln.

Ich brauche niemandem zu erzählen, dass in Pornos keine wahre Intimität gezeigt wird. Wir glauben nicht, dass Pornoskripte die abgebildete Realität sind, so wie wir auch nicht glauben, dass Captain America uns vor einem Atomkrieg retten wird oder wir mit 16 in die Feenakademie aufgenommen werden. Auch unser 13-Jähriger wird das früher oder später merken.

Aber wir dürfen den Einfluss dessen, was die Darsteller:innen tun, die Rollenverteilungen, die normierten Praktiken, die Definition von Consent und die Selbstverständlichkeit, mit der wir unsere Grenzen überwinden, nicht unterschätzen.

Oscar Wilde sagt: »Alles auf der Welt dreht sich um Sex, außer Sex. Beim Sex geht es um Macht.«

In der Ecke flackert eine Lichterkette. Mein Kopf ist an die Wand gepresst. Er stößt mich mit seinem Gewicht gegen Schichten aus

Ziegel und Beton. Ich wimmere »Please hit me«. Der Schmerz sticht, aber ich will mehr. »Turn around.« Seine Hand liegt an meinem Hals und drückt zu. Mir stockt der Atem. Ich bekomme immer weniger Luft. Ein Zischen fährt über mein rot angelaufenes Gesicht. Der Schlag hinterlässt eine brennende Wärme. Ich spüre, wie mein Körper kämpft und Kraft verliert, beengt krächze ich: »more«.

Sein Griff um meine Luftröhre schließt sich, er dringt immer tiefer in mich ein. Und plötzlich spüre ich gar nichts mehr. Mein Geist verlässt meinen Körper. Ich schwebe. Mein Bewusstsein erweitert sich.

Er spürt meine Veränderung und hört auf. Ich beginne unkontrolliert zu weinen. Ich kann meine Hände nicht bewegen, bin noch nicht zurück. Er nimmt mich zärtlich in den Arm und streichelt mich. Tränen rollen und ich kann nicht sprechen, nicht erklären, was gerade mit mir passiert.

Irgendwann beruhige ich mich, tränenverschmiert blicke ich in seine besorgten Augen und flüstere »thank u«.

Im Kontext von BDSM bezeichnet *Subspace* eine rauschähnliche Zustandsveränderung des Bewusstseins. Die schmerzinduzierte Trance wird auf biochemischer Ebene durch die ausgeschütteten Endorphine, andere körpereigene Opioide und den erhöhten Adrenalinspiegel ausgelöst. Der Ekstasezustand ist eine hormonelle körpereigene Schutzreaktion. Wer keine einvernehmliche Erfahrung mit BDSM hat, mag die Gewalt – oder Grenzzustände wie Schnappatmung oder Subspace – als verstörend oder gefährlich wahrnehmen. BDSM wird oft als barbarisch oder gewaltverherrlichend kritisiert.

Doch einvernehmlicher und ethischer BDSM basiert auf klaren Regeln. Diese sind nötig, weil Gefahren durchaus existieren. Schmerzgrenzen können leicht überschritten, Körpersignale von Partner:innen als falsch eingeschätzt werden. Deswegen gehören zu den wichtigsten Prinzipien die Safewörter. Beispielsweise das Ampelsystem: »Yellow« für *Ich bin kurz vor meinen Grenzen, bitte hör nicht ganz auf, aber fahre es ein bisschen runter*. »Red« für *Stop*. Safewörter müssen nicht erklärt werden. Genauso wie Consent in einer klassischen sexuellen Beziehung nicht erklärt werden sollte.

Meine BDSM-Playsessions ähneln frauenfeindlichen Pornos. Ich lasse mich schlagen, würgen, beleidigen und benutzen. Und trotzdem gibt es einen fundamentalen Unterschied: Während Mainstreampornos, die nicht als BDSM oder Fetisch klassifiziert werden, genauso das Schlagen, Würgen, Beleidigen und Benutzen von Frauen abbilden, zeigen sie vieles auch nicht. Sie zeigen nicht das intime, aber nüchterne Gespräch davor über Grenzen und das, was erlaubt ist, was ich mir wünsche, was mein Partner oder meine Partnerin sich wünscht. Sie zeigen kein zärtliches, ehrliches Vergeben von Consent. *Magst du das? Darf ich das machen? Lieber nicht so.* Sie zeigen keine Benutzung von Safe Words, kein *Stop!* oder *Schau mal, mir gefällt das so.* In Pornos gibt es kein Aftercare – eine wichtige Regel des BDSM: das Sichkümmern nach der Session. Präferenzen sind unterschiedlich, aber es geht vor allem darum, der Person, die Degradierung oder Schmerzen erfahren hat, ein Gefühl von Sicherheit, Nähe und Wichtigkeit zu vermitteln, um das zuvor etablierte Machtverhältnis wieder zu beenden. Im Porno bleibt die Frau das Objekt, wenn das Video zu Ende ist. Beim Sex, der sich an einem klaren Regelwerk orientiert, werde ich aus der Rolle eines Objekts wieder zurückgeholt.

Aber warum spielt das eine Rolle? Nur ein Bruchteil von Gen Z interessiert sich für und praktiziert BDSM. Ein Artikel im Refinery29-Onlinemagazin heißt: »Warum Aftercare die BDSM-Praktik ist, die wir alle tun sollten.«[33] Ich glaube, es ist nicht nur das, sondern überhaupt die klare Konversation. *Was erwarte ich, was darf mein:e Partner:in, was geht mir zu weit?* Trotz aller Pornooffenheit führen wenig junge Menschen diese Art von Gespräch.

Egal ob wir über Schlagen oder Geschlagenwerden fantasieren oder nicht, die wenigsten von uns bekommen von ihren Eltern oder der Sexualaufklärung in der Schule ein Regelwerk oder einen Leitfaden für einvernehmliche Lust mitgegeben, die alle beteiligten Partner genießen können. Was wir aber sehen und zu Lernzwecken benutzen, sind Pornos, in denen fundamentale Eigenschaften von partnerschaftlicher Sexualität schlicht ausgelassen werden.

In Mainstreampornos sind die Machtverhältnisse klar. Der Mann handelt nach seinen Bedürfnissen und Wünschen, die Frau passt sich diesen an. Männer sind aktive Subjekte, Frauen die Objekte, sie unterwerfen sich, sind passiv oder dienen den Männern. Die Unterwerfung der Frau in Pornos wird oft kritisiert. Es ist ja auch durchaus fragwürdig, dass in der Welt des käuflichen Sex immer die Lust des Mannes an erster Stelle steht. Jedoch gibt es meiner Meinung nach ein Problem mit der Kritik an der Unterwerfung an sich. Frauen, die sich freiwillig selbst unterwerfen, werden einerseits in ihrer männerfreundlichen Sexualität begehrt, aber auch aufgrund ihres Verhaltens abgelehnt, sie hätten nicht genug Selbstwert, suchten Bestätigung oder hätten Daddy-Issues. Männer, die sich sexuell gern unterwerfen, werden oft ausgelacht, als krank oder unmännlich gesehen. Dabei ist Unterwerfung an sich nichts Geschlechterspezifisches. Aus psychologischer Sicht spiegelt die Fantasie der Unterwerfung – zunächst einmal ganz allgemein gesagt – den Wunsch wider, der Last zu entkommen, der Pflicht, für die eigene Existenz verantwortlich zu sein. Dieser Wunsch kann in jedem Menschen existieren.

Aber »machen wir uns nichts vor: Sexualität ist grundsätzlich kein machtfreier Ort. (...) Während in einer partnerschaftlichen Beziehung im Idealfall die Pole von Dominanz und Hingabe spielerisch und wechselseitig ausgelotet werden können, werden sie in der Pornografie und käuflichen Sexualität einseitig festgeschrieben: Der Mann ist das mächtige Subjekt, die Frau das unterworfene Objekt.«[34]

In einer idealen Beziehung wissen beide Partner, was sie sich sexuell wünschen, sie kommunizieren das und passen sich dann gemeinsam aneinander an. Jedoch leben wir nicht in einer idealen Welt. Ideale Beziehungen sind auch nicht der Standard. Wenn wir uns die Sexualität von Generation Z anschauen, wird klar, sie ist vielfältig, sowohl in Praktiken und sexuellen Orientierungen wie überhaupt in den Beziehungsmodellen.

Offenheit bedeutet jedoch nicht direkt Emanzipation. Ein Blick in die sozialen Medien lässt schnell ein anderes Bild entstehen. Junge Mädchen auf TikTok, Instagram und YouTube sexualisieren sich selbst. Die Grenzen zwischen Pornografie, Kunst und Nacktheit sind verschwommen. Für uns ist das ganz normal und auch okay. Junge, freie Frauen haben das Recht, sich so zu präsentieren, wie sie möchten. Jedoch fällt auch zunehmend auf, dass sich Trends immer mehr an den Strukturen von Mainstreampornos orientieren.

Aber was bedeutet das?

Den Einfluss, den Pornos auf mein eigenes Leben hatten, bevor ich überhaupt selbst welche konsumierte, bemerkte ich erst Jahre später. Ich mag kein Sperma, für mich riecht es nach Batteriesäure und Krankenhaus, ich habe seit Jahren keinem meiner Sexpartner mehr einen geblasen. Auch wenn es nicht in der Nähe meines Gesichts landet, widert der Geruch mich an.

Doch das war nicht immer so.

Mit 15 habe ich meinen ersten Freund. Meine strenge mexikanische Mutter weiß das, aber bevor ich volljährig bin, darf kein Junge bei uns zu Hause übernachten. Auch nicht mein Freund. Nachts lasse ich ihn reinschleichen, und wenn ich die Schritte meiner Eltern auf der alten Holztreppe knacken höre, muss er sich in meinem Kleiderschrank verstecken. Heimlich zerre ich ihn dort raus, küsse ihn und fühle mich warm. Mit ihm habe ich mein perfektes erstes Mal, genauso, wie es sich jedes Mädchen in kitschigen Teen-Romance-Filmen vorstellt. Ich bin verliebt, er ist zärtlich und vorsichtig, es tut weh, aber ich fühle mich gut. Danach klettert er aus dem Dachfenster, um eine Zigarette zu rauchen. Er ist zwei Jahre älter und erklärt mir, die Zigarette nach dem Sex sei ein Muss.

Ich bin so verliebt, so naiv und so süchtig nach seiner Aufmerksamkeit, dass ich nicht merke, wie ich meine eigenen Bedürfnisse hintanstelle, geschweige denn sie überhaupt kommuniziere. Vielleicht weil ich nie gelernt habe, wie ...

Meine Periode heißt für ihn Blowjobwoche, vor seinen Freunden nennt er mich Blowjobqueen. Immer und immer wieder drückt er mich runter, wenn wir uns im Bett küssen. Sein Penis schmeckt eklig und tut in meinem Rachen weh. Er möchte, dass ich schlucke, und ich tue das, obwohl ich jedes Mal danach fast kotzend aufs Klo renne und mir mit Mundspülung und Kaugummis den Geschmack wegspüle. Ich finde Blowjobs und die Obsession, die er damit hat, unangenehm. Und mache es trotzdem jedes Mal, wenn er mich dazu drängt. Ich freue mich über seine Komplimente und bin noch nicht in der Lage zu hinterfragen, warum ich mich von ihm ausschließlich über mein Aussehen und meine sexuelle Verfügbarkeit definieren lasse.

Ich glaube, das sei wahre Liebe. Alles für den anderen zu tun, auch wenn es mal ein bisschen nach Säure, Schweiß und Chlor schmeckt. Ich halte es für meine Aufgabe, ihn zu befriedigen, alles zu machen, was er möchte, und ihm zu gefallen. Nicht ein Mal denke ich darüber nach, dass er mich nicht lecken möchte, weil er es *eklig* findet, oder darüber, dass mein Freund mich für mehr als meine Blowjobkünste wertschätzen sollte. Doch damit bin ich nicht allein.

»Typen mögen es, wenn man ihr Sperma schluckt. Ich mag es nicht so gern. Meine Freundinnen auch nicht. Aber wir tun es trotzdem, wenn wir den Typen gut finden oder ihm ein gutes Gefühl geben wollen«,[35] sagt Sarah, eine junge Frau, die die Psychologin Dr. Sandra Konrad für ihr Buch »Das beherrschte Geschlecht« interviewt hat.

In ihrer Analyse stellt sie fest, dass junge Frauen ihre Sexualität zunehmend als frei und selbstbestimmt wahrnehmen und sich trotzdem sexuell eher auf die Befriedigung des Partners konzentrieren. Die Gespräche, die sie mit jungen Frauen über Oralsex führt, erschrecken mich in der Ähnlichkeit zu den Hunderten von Gesprächen, die ich mit meinen Freundinnen hatte: Blowjobs sind irgendwie ein Muss. Man fühlt sich stark und cool, wenn man gut *deep-throaten* kann, auch wenn das ziemlich wehtut. Blowjobqueen ist eine respektable Auszeichnung.[36] Ich war damals schon irgendwie stolz darauf, dass ich diesen Titel bekommen hatte.

Geleckt werden ist irgendwie unangenehm. Man liegt so da, macht sich Sorgen darüber, wie man riecht, schmeckt und wie die eigene Vulva von Nahem wohl aussieht, und das, was er da so macht, ist irgendwie auch nicht so berauschend.

»Bei dem, was mir die jungen Frauen erzählten, ging es oft eher um das Bild, das sie von sich vermitteln wollten, als um das Gefühl, das sie beim Sex tatsächlich empfanden. Anders gesagt: Nicht ihre eigene Lust und das Ausloten von Grenzen, sondern die Lust des Partners und seine Bewertung ihrer Performance standen im Vordergrund.«[37]

Wir haben Sex für Komplimente. Ich hatte Sex für Komplimente.

Nicht jede sexuelle Erfahrung von Generation Z folgt diesem Bauplan. Doch was für mich heraussticht, ist die Unfähigkeit von vielen Gen-Z-Mädchen, ihre eigenen Grenzen zu kennen, zu wissen, was für sie, und nur für sie, lustvoll ist, und das dann zu kommunizieren.

Ich hatte meinen ersten Orgasmus mit einem Jungen erst mit 18. Von all den Typen, mit denen ich Sex hatte, haben mich genau drei zum Kommen gebracht. Und zwar die letzten drei, die ich hatte.

Aber wie kann das sein, dass ich mit so vielen Typen geschlafen habe und niemand mich zum Kommen gebracht hat und jetzt plötzlich alle? Im Nachhinein war es für mich ganz einfach: Ich hatte Sex mit Frauen.

Meinen ersten Orgasmus vor einem anderen Menschen hatte ich mit einem Mädchen. Ich und viele andere bisexuelle Frauen merken einen großen Unterschied zwischen heterosexuellem und homosexuellem Sex. Dieser liegt aber nicht darin, dass *Frauen einfach besser im Bett sind* oder *direkt wissen, was ich will, weil sie ja auch eine Vulva und Brüste haben*, sondern einfach in der Kommunikation und dem allgemeinen Umgang miteinander.

Es ist Sommer in Frankreich und ich liege auf ihr. Ihre blonden Haare auf dem Bett rahmen ihr Gesicht ein. Wir küssen uns und ich streichle sie. Sie hat ein breites Becken und runde Beine. Ich mag ihren Bauch. Sie ist weich wie ein Kissen und ich sehe in ihren Augen eine Unsicherheit über ihren Körper, die mich traurig macht. Ich möchte schreien, ihr irgendwie sagen und klarmachen, dass ich in ihr eine Schönheit sehe, dass mein Körper beim Anfassen ihrer Brust und ihrer Hüften warm wird und mein Bedürfnis, sie zu spüren, mich fast umwirft. Doch das tue ich nicht. Vielleicht würde sie das noch mehr verunsichern. Ich streichle die Innenseite ihrer Beine und küsse sie. Ich frage sie: *Gefällt dir das? Ist das okay?* Ihr Atem stockt und sie nickt. Ich nehme ihre Hand und frage sie, wo es sich gut anfühlt und was ich machen soll. Ich frage nicht unsicher und hilflos, doch ich muss mich überwinden, denn Fragen ist irgendwie trotzdem immer schwer. Manche Momente sind unangenehm, der Raum fühlt sich aufgeladen und zittrig an. Wir schauen uns in die Augen und lachen einfach. Niemand beobachtet uns und ich bin ganz bei ihr. Sie flüstert und stöhnt leise *Oui,* bevor sie kommt.

Danach erzählt sie ihrer besten Freundin, es sei der beste Sex ihres Lebens gewesen. Es war ihr erster Sex mit einem Mädchen. Ich glaube nicht, dass ich irgendwas besonders gemacht habe, eine crazy Technik ausgepackt habe oder die Übersexmaschine bin. Ich war selbst gar nicht so erfahren. Es hat auch nichts damit zu tun, dass ich ein Mädchen bin. Ich glaube, ich war die Erste, die einfach gefragt und zugehört hat.

Wenn ich über meine eigenen Erfahrungen nachdenke, machen Dr. Konrads Argumente immer mehr Sinn. Auch für mich, die sich immer als so frei proklamiert hat, war Sex mit Männern oft rein performativ. Meine Outfits, meine Unterwäsche, meine Geilheit, mein Aussehen, meine Verrenkungen, die Orte, wie es dazu kam, all diese Dinge befriedigten mich. Nicht der Sex an sich.

Mein erster Freund hat mich mit 15 nicht wie in einem Porno als dreckige kleine Nutte bezeichnet oder mich geschlagen. Aber er hat mich unter Druck gesetzt, Dinge zu tun, die ich nicht tun wollte. Heute stelle ich mir viele Fragen. Ist er allein schuld? War ich selbst schuld? Mag ich seitdem keine Blowjobs, weil ich traumatisiert bin, oder mochte ich sie intrinsisch einfach nicht und hatte damals nicht die Fähigkeit, ein Nein zu kommunizieren?

Heute glaube ich, mein Exfreund dachte, es würde mir auch gefallen. Ich glaube, er wusste noch nicht, wie man ein intimes Gespräch über Consent und sexuelles Einverständnis führt. Ich glaube, sein mangelndes Bewusstsein für meine Lust und meine Grenzen waren falsch, doch ich sehe vor allem, dass diese Situation symptomatisch für unsere Generation ist. Er wurde in einer Gesellschaft sozialisiert, in der seine Befriedigung an erster Stelle steht, in der es erstrebenswert ist, mit vielen Frauen zu schlafen oder mit einer, die besonders willig und besonders hot ist (»Blowjobqueen«). Ich bin in derselben Gesellschaft aufgewachsen und die erwartet von mir, sexuell verfügbar zu sein, aber nicht so verfügbar, dass ich billig wirke. Ich bin in einer Gesellschaft aufgewachsen, die die Sexualität und die Lust von Frauen zwar immer mehr thematisiert, ihr jedoch nicht die Bedeutung beimisst, die ihr wirklich gerecht wird.

Wir sitzen beim Abendessen und sie erzählt mir, dass ihr Freund jetzt mit 20 der Erste war, mit dem sie Sex hatte. Davor war sie auch in einer langen, festen Beziehung, aber sie hat gemerkt, dass sie einfach nicht bereit dafür war. Heute ist Sex mit ihrem Freund etwas Besonderes, das sie mit niemand anderem teilen möchte. Ich verstehe dieses Gefühl, obwohl ich vielleicht das genaue Gegenteil von ihr bin: Ich liebe es, Menschen sexuell kennenzulernen und unterschiedliche Erfahrungen zu machen. Wir sind wie zwei Enden eines Spektrums. Sie ist zu prüde, war mit 20 noch Jungfrau, ich bin zu nuttig, habe mit 20 schon das Alphabet durchgeschlafen. Ich erkenne eine Gemeinsamkeit zwischen uns: Wir haben beide gelernt und erkannt, was uns glücklich macht, und auch wenn wir, was unsere Sexualität angeht, nicht unterschiedlicher sein könnten, haben wir beide unser Sexleben so gelebt, wie wir das für richtig empfinden, auch wenn die Gesellschaft uns trotzdem suggeriert, dass etwas falsch mit uns ist.

Wenn ich von Erlebnissen erzähle, ganz offen und deskriptiv über Sex spreche, dann nicht, weil ich glaube, mein Sexleben würde ein neues Ideal darstellen, wie eine junge Frau zu leben hat. Ich möchte vor allem eines: zeigen, dass Sexualität, Wünsche und Fantasien ganz unterschiedlich sind und dass meine genauso in Ordnung sind wie die von anderen. Sexuelle Freiheit und Emanzipation bedeuten für mich nicht, dass Gen-Z-Kids mit ganz vielen Leuten schlafen müssen, um frei zu sein, sondern einfach nur, dass sie die Möglichkeit haben.

SCHÖNHEITSIDEALE UND SEXUALISIERUNG

Es ist 2020 und Paris Hiltons Erbe ist so präsent wie nie. Girls laufen durch die Stadt mit farblich abgestimmten Jogginganzügen von Juicy Couture. Die Instagram-Accounts der Berliner Cool Kids sind voller Low-waist-Hosen, über die pinke Tangas hinausrutschen. Glossy glitzernde Insta-Meme-Pages sind voll von Popkulturelementen der 2000er. Die Fashionindustrie nennt es »The 20 Year Rule« – alle 20 Jahre kommen Trends auf eine modernisierte Art zurück.

Die Wiedergeburt Paris Hiltons scheint zeitlich perfekt abgestimmt zu sein. Irgendwann um 2018 tauchte Paris Hilton wieder auf, in Vanity-Fair-Videos und auf Partys mit jungen, trendy YouTubern und TikTok-Stars. Im Herbst 2020 veröffentlichte YouTube eine Dokumentation über sie. In »This is Paris« kommt ihr wahres Gesicht zum Vorschein. Leid und Trauma brachten sie dazu, das sexualisierte Barbieimage, das sich gut verkaufen ließ, zu erfinden. Paris Hilton gilt als Vorreiterin aller Social-Media-Stars, sie war die Erste, die dafür berühmt war, berühmt zu sein. »Jeder sagt, ich bin die erste Influencerin, aber manchmal habe ich das Gefühl, dass ich dabei geholfen habe, ein Monster zu kreieren.«[38]

Ihre Aussage lässt Raum für Interpretation. Ganz klar ist aber – ihren Erfolg verdankt sie ihrem perfekt kuratierten Image, als reiches, heißes, skandalöses Partygirl, dessen Leben aufregend und spannend wirkt. Vor allem das Sextape »One Night in Paris«, das ihr Exfreund veröffentlichte, brachte sie wochenlang auf die Titelseiten der Boulevardzeitungen.

In der Dokumentation erzählt Paris zum ersten Mal, welchen Effekt dieses Video auf ihre Familie und ihre mentale Gesundheit hatte. Sie sagt: »(Die Medien) haben mich als die böse Person dargestellt, als ob ich etwas falsch gemacht hätte. Aber das war ein privater Moment eines Teenagermädchens, das nicht in der richtigen Verfassung war.«[39] Sie ist den Tränen nahe – das legendäre Video wurde ohne ihre Erlaubnis veröffentlicht. Obwohl ihr Freund damit eine Straftat beging, hatte sie die Konsequenzen zu erleiden.

Solche Videos werden nach ihr zu einer Art »Blue Print to Fame«[40], einem Bauplan zum Erfolg. Nach ihr kopieren viele weitere Celebrities – willentlich oder auch nicht – diese Strategie, darunter auch ihre Freundin Kim Kardashian, eine andere Ikone der sexualisierten Selbstinszenierung auf Instagram. Denn bei allem Leid und aller Blamage half es ihrer Karriere enorm. Man kann diese Art von Videos für einzelne, extreme Vorfälle halten, doch sie sind symptomatisch für eine Social-Media-Kultur, in der junge Frauen gleichzeitig bestraft und belohnt werden, wenn sie ihren Körper und ihre Sexualität offen präsentieren.

Aber warum ist das so? Warum erwartet eine patriarchale, männlich dominierte Gesellschaft von Frauen, dass sie keusch, rein und lieb sind, aber zugleich aufreizend und sexuell verfügbar? Warum werden Frauen, die dem Ideal vom »braven Mädchen« entsprechen, als langweilig und prüde beleidigt und Frauen, die das »böse Mädchen« verkörpern, als billig und nuttig degradiert?

Antworten darauf liefert die Psychoanalyse. Sigmund Freud, deren Begründer, erkannte bereits diese Dichotomie – übrigens sind die Grundlagen mancher seiner Erkenntnisse aus heutiger Sicht oft frauenfeindlich und problematisch. In der Psychoanalyse spricht man vom Madonna-Huren-Komplex. Dieser teilt Frauen in zwei Kategorien ein. Frauen sind demnach also entweder Madonnen – gleichsam heilige, sanfte Wesen, die sich um Kinder kümmern und den Haushalt führen, während sie sehnsüchtig auf ihre Männer warten.

Im heutigen Kontext der modernen Mittelschicht könnte man sagen, das sind vielleicht akademisch ausgebildete Mütter mittleren Alters oder auch jünger, die einen seriösen Job haben, zum Pilates oder Hot Yoga gehen und mit den Kindern etwas aus veganer Knete basteln.

Und die Huren? Für Freud sind es, na ja, Huren eben. Prostituierte, Sexsüchtige oder Nymphomaninnen, deren Begierde durch einen Mangel an männlicher Aufmerksamkeit begründet wird. Das Element von männlicher Begierde ist deren Degradierung und »Wertlosigkeit«. Aber für solche Frauen können Männer keine Gefühle entwickeln. Sie sind nur dazu da, um deren Lust zu bedienen.

Für Menschen, die in diesem Muster denken, können Frauen nicht gleichzeitig sanft, intelligent, verständnisvoll auf der einen Seite, aber auch sexuell frei beziehungsweise aktiv sein. Frauen werden als eindimensionale Objekte anstatt als facettenreiche Menschen dargestellt. »Dieser Mechanismus ächtet Frauen dafür, ein selbstbestimmtes (Sexual-)Leben zu führen, und festigt patriarchales Denken auch bei Jugendlichen.«[41]

Das Problem ist hier aber nicht diese verstörend klingende Theorie, sondern dass sie auch heute noch tief in unserer Gesellschaft verwurzelt ist. Frauenmagazine schreiben über junge, emanzipierte Frauen, die machen, worauf sie Bock haben und die ein tolles, offenes Sexleben mit ihrem Freund haben. Wenn sie dann heiraten oder Kinder bekommen, werden sie gesellschaftlich immer mehr in die nach wie vor bestehende, tradierte Frauenrolle gedrängt. Die Frauen sind dann plötzlich nur noch süße Mama, die keine Zeit mehr für wilden Sex und Abenteuer haben.

Das wäre ja auch total unverantwortlich und obszön. Sie werden ausschließlich über ihre Rolle als Mutter und Ehefrau definiert und weniger als eigenständiges Subjekt wahrgenommen. Väter und Ehemänner bleiben weiterhin sie selbst.

Junge Frauen hingegen, die sich auf Instagram sexualisieren oder Sexwork auf OnlyFans betreiben, werden zwar finanziell belohnt. Sex sells! Always! Aber trotzdem werden sie auch sozial geächtet. Vielleicht nicht ganz so stark wie zu Zeiten Freuds, aber dennoch spürbar. Der Psychologe Uwe Hartmann schrieb 2009, dass der Komplex »bei heutigen Patienten immer noch sehr verbreitet ist«.[42]

Der Großteil von Generation Z hat noch keine Kinder oder Ehepartner. All diese Dinge wie die sexlose Ehe wirken endlos weit entfernt, auch für mich. Doch die Geschlechterrollen, die wir als Kinder erlernt haben, die sich in unseren Teenagerjahren verfestigen, werden unser Leben als Erwachsene prägen. Sie werden entscheiden, wie frei, glücklich und selbstbestimmt unsere Partnerschaften sein werden und ob wir für unsere Boyfriends wirklich immer am Herd stehen, während sie weiterhin ihrer Karriere, ihren Hobbys oder Interessen nachgehen.

Eine Social-Media-Kultur, die junge Mädchen und Frauen fast ausschließlich für ihr Äußeres belohnt, und eine Gesellschaft, in deren Wertesystem weibliche Sexualität immer noch tabuisiert und teilweise verachtet wird, bleiben nicht folgenlos. Wir lernen unseren Selbstwert darüber zu definieren, wie viele Typen uns geil finden. Wir bleiben hängen zwischen dem Verständnis, das wir von uns selbst haben, und dem, was den Erwartungen unserer Gesellschaft entspricht.

PRINCESS CULTURE

Es gibt Tage, die zerfallen wie Sandburgen im September. Man spürt es kaum, aber langsam zerrinnt ein festes Fundament und übrig bleibt ein geschwollenes Gefühl von Zeit. Es sind die kurzen Wintertage, die im Bett beginnen und dort nach wenigen Stunden aufhören. Manchmal sind es Treffen mit alten Freunden, und diese Treffen wirken so trostlos grau. Die Gespräche begeistern nicht mehr, man hängt sich an Banalitäten auf. Irgendwann gehst du, du gibst es auf, dich zu bemühen. Du lässt dich von einem endlosen Fluss aus aufmunternden Dingen berieseln. Es reicht nicht, du brauchst mehr, jetzt sofort. Drogen nehmen wäre eine Idee, ein bisschen Feenstaub tut es auch.

Ich bin 19 Jahre alt und schaue gern Prinzessinnenfilme, wenn ich traurig bin. Ich mag die alten Barbiefilme, die ein bisschen schlecht animiert sind. Deren pastellfarbener Unterton entführt mich sogartig in eine andere Welt. Ich liebe den Winx Club. Als Kind hatte ich jahrelang die größte Obsession mit den superdünnen, superhübschen Feen, die Staffel für Staffel die magische Dimension retteten.

Die Coronapandemie, eine Zeit, in der der Jugend ihre Jugend verwehrt wird, kreiert einen neuen Trend. Wir können nicht wirklich erwachsen werden. Ganz allein vor unseren Laptops. Neue Erfahrungen, Partys, neue Orte und Menschen, echte Gefühle – das alles ist nur noch sehr schwer möglich. Und wenn wir nicht weiterkommen in unserer Entwicklung, in einem Jahr, in dem sich in unserem Alter so viel verändern kann wie bei anderen in zehn Jahren, dann gibt es eine ganz logische Reaktion: Wenn wir nicht erwachsen werden können, dann werden wir eben wieder zu Kindern.

Meine Freunde treffen sich für Lilo-&-Stitch- und Kinder-Anime-Filme-Abende. Mit meinen Freundinnen schaue ich gern Minnie Mouse, Barbie oder Winx Club. Das ist nichts Verwerfliches, Kindheitsnostalgie erleben fast alle Menschen in ihrem Leben, meistens aber eher später, nicht mit 17, 18 oder 19.

Ich tauche also ein in diese Puderzuckerwelt voller Krönchen, Ballkleider und zauberhafter Happy Ends. Wie schon als Kind kann ich mich darin verlieren, und trotzdem hat sich manches verändert. Vor allem eines erkenne ich erst jetzt, zehn Jahre später: die Geschlechterrollen, die den Charakteren zugeschrieben werden. Die Kinderfilme unserer Generation entsprechen stark den binären Geschlechterklischees. Jungs blau, Mädchen rosa. Jungs: stark, Drachenbändiger, Kämpfer, Rennfahrer. Mädchen: sanfte Prinzessinnen, zarte tanzende Feen und Elfen. Ich frage mich: Haben diese Filme und das, was sie darstellen, einen Einfluss, der sich langfristig auf unsere Generation ausgewirkt hat?

Bis vor Kurzem dachte ich, dass alle Mädchen der letzten Jahrzehnte mit einer Explosion aus rosa, fluffy Krönchen aufgewachsen sind. Doch das stimmt nicht ganz. Die meisten märchenhaften Kinderfilme basieren zwar auf den Erzählungen von Charles Perrault in Frankreich von 1697 oder aus dem Jahr 1812 von den Brüdern Grimm in Deutschland – aber erst seit den späten 90ern und frühen 2000ern hat sich die heutige Multimilliarden-Franchise der »Disney Princesses« entwickelt. Psychologen prägten

seither den Begriff »Princess Culture«, der das Gesamtkonglome-
rat Produkte, Filme und Bücher über Prinzessinnen beschreibt.

Die 2000er sind die Mitte der Geburtsjahre von Gen Z, wir
sind also mit Disneys Multimilliarden-Franchise groß geworden.
Aber was ist daran problematisch und wie beeinflusst es uns
heute noch als junge Erwachsene? Rebecca Hains, die Autorin
des Buches »The Princess Problem: Guiding our Girls Through
the Princess-Obsessed Years«, schreibt, dass diese Filme jungen Kindern beibringen, dass die wertvollste Eigenschaft eines
Mädchens ihre Schönheit sei.[43] Das vorherrschende Schönheitsideal fördere eine ungesunde und obsessive Beschäftigung mit
dem Aussehen. Diese Art von Filmen impliziert auch, dass Mädchen süß und unterwürfig sein und erwarten sollten, dass ein
Mann auf den ersten Blick in einem Akt der Liebe zu ihrer Rettung kommen wird.

Jetzt klingt das alles erst mal ein wenig schwachsinnig. Meine
Freundinnen und ich sind nicht so von Disney indoktriniert wor-
den, dass wir den ganzen Tag eingeschlossen in einem hohen
Zimmer sitzen und unser goldenes Haar aus Langeweile käm-
men. Wir warten auch nicht auf den Märchenprinzen, der auf
einem weißen Ross daherreitet. Wenn aber dann argumentiert
wird, dass aus Generation Z doch starke, selbstbewusste junge
Frauen geworden sind, *obwohl* wir mit rosa Fairy-Zeugs bombardiert wurden, verfehlt das den Punkt. Es geht nicht darum, ob wir
trotz antifeministischer Bilder emanzipiert werden können (dazu
zählt übrigens weitaus mehr als nur ein paar Barbiepuppen und
Feenflügel), sondern inwiefern die vorherrschenden Frauenbilder
uns ganz subtil als Generation prägen.

Unsere Kindheit ist das Fundament unserer Persönlichkeit. Aus psychologischer Sicht haben Mangelerfahrungen oder Verhaltensmuster bei Erwachsenen oft ihren Ursprung in dem, was wir als Kinder von unseren Eltern, unserem Umfeld und den Medien gelernt haben.

Die Professorin Sarah M. Coyne von der Brigham Young University führte 2016 eine Studie durch, die die Effekte von Prinzessinnenkultur an kleinen Kinder erforschte. Sie stellte fest, dass das Konsumieren dieser Filme und Produkte das Selbstwertgefühl der Mädchen beeinträchtigen könne.[44]

Das ist erst mal nicht verwunderlich. Barbie und Disneyprinzessinnen entsprechen dem eurozentrischen Schönheitsideal. Sie sind dünn, weiblich und unverhältnismäßig weiß. Viele junge Mädchen sehen aufgrund ihrer Herkunft oder ihres Körpers aber nicht so aus wie ihre Vorbilder im Fernsehen. »Disney-Prinzessinnen sind einige der ersten Beispiele für die Exposition (von jungen Kindern) gegenüber dem gängigen Schlankheitsideal«[45], sagt Coyne. Die gesellschaftliche Norm, dass Frauen schön und schlank sein müssen, um glücklich und erfolgreich zu sein, beginnt sich ab dem Alter von drei oder vier Jahren einzuprägen.

Peggy Orenstein, die Autorin des Buches »Cinderella Ate My Daughter«, sagt in einem Interview: »Und dann hörst du jahrelang: ›Du bist so hübsch, meine kleine Prinzessin‹, bis du plötzlich älter wirst und du nicht mehr hübsch genug bist. Aber weißt du was, vielleicht wirst du hübscher, wenn du nur diese Produkte kaufst, um dich selbst zu verbessern.«[46]

Wir lernen als kleine Mädchen, dass uns Komplimente glücklich machen, doch zugegebenermaßen ist es weitaus mehr als nur *Princess Culture*, die uns beibringt, uns selbst für Bestätigung von außen zu objektifizieren. Denn heute fühlt es sich ganz natürlich an, sich zu schminken und teure und schöne Klamotten zu kaufen, um anderen zu gefallen. Wie bereits viele Feministinnen argumentiert haben: Klassische Weiblichkeit zum Ausdruck zu bringen, ist nicht an sich schlecht.

Das Problem liegt darin, dass Frauen keine anderen Optionen beigebracht werden und dass die Beschäftigung mit dem eigenen Aussehen so tief in unserem Wesen verankert ist, dass wir sie gar nicht mehr von unserem Selbst trennen können. Aber unser persönlicher Wert ist viel mehr als vermarktbare »Schönheit«.

»›Du bist schön‹ – das solltest du deiner Tochter nicht immer wieder sagen, weil du nicht willst, dass sie denkt, dass es so wichtig ist. Das heißt, es gibt Zeiten, in denen es wichtig ist, es zu sagen: wenn sie unordentlich oder verschwitzt ist, wenn sie nicht schick angezogen ist, damit sie das Gefühl bekommt, dass sie als *Person* etwas natürlich Schönes hat. Und es ist auch wichtig, Schönheit und Liebe zu verbinden. Zu sagen: ›Ich liebe dich so sehr. Alles an dir ist schön für mich – du bist schön für mich.‹ Auf diese Weise objektifizierst du nicht nur ihren Körper«[47], schreibt Peggy Orenstein und ich glaube, es ist mehr als nur etwas, was wir unseren Töchtern beibringen sollten. Wir sollten uns alle selbst daran erinnern, ein inneres Narrativ aufbauen, das uns als *Person* wertschätzt. Denn die Welt der Prinzessinnen und der Wunsch nach ihr ist näher an uns dran, als wir denken.

Wir tragen vielleicht keine Ballkleider im Alltag, aber trotzdem entsprechen die Charakterzüge von Barbie, Cinderella und Dornröschen dem, was von uns als jungen Frauen erwartet wird. Wir sollen freundlich sein – so freundlich, dass wir die Wünsche von anderen über unsere eigenen stellen, selbst wenn wir uns unwohl oder unsicher fühlen. Von uns wird erwartet, dass wir schön sind, besonders auf eine weiße, europäische Art. Wir sollen genügsam sein, empathisch, mitfühlend und für andere da. Aber wer ist für uns da? Wer sagt uns, dass wir für uns selbst da sein müssen?

Die Journalistin Lucia Peters schreibt: »Während es fast immer zärtlich gemeint ist, wenn man ein Mädchen eine Prinzessin nennt, ist es ausschließlich herabwürdigend, eine Erwachsene als Prinzessin zu bezeichnen. Wenn wir erwachsene Frauen ›Prinzessinnen‹ nennen, nennen wir sie in Wahrheit unreif.«[48] Die Bezeichnung hat in der Erwachsenenwelt einen sexistischen Unterton, irgendwas zwischen schleimiger Onkel und lachende Fuckboys in Jerseyshirts. Als erwachsene Frau Prinzessinnen nachzueifern, sich ihr Leben zu wünschen oder sich zu verhalten wie sie, ist mindestens peinlich, wenn nicht sogar seltsam. Dabei tun die meisten von uns das noch heute. Für uns als Generation, die mit dem Princess Empire groß geworden ist, sind die Influencerinnen, denen wir heute folgen, *Real-Life-Prinzessinnen*. Sie leben in ihren Villen und Penthäusern, sehen aus wie die Inkarnation von Belle und Barbie und ihr Lebensinhalt kreist um besondere Beautybehandlungen, teure Abenteuer und Luxusmarken.

Generation Z wird erwachsen, doch unsere Bewunderung gilt immer noch dem, was wir als Kinder bewundert haben. Wenn wir *Princess Culture* nicht in Bezug auf den beschränkten und direkten Einfluss auf Kinder, sondern als Teil einer gesellschaftlichen Obsession und Wunschvorstellung betrachten, wird erst klar, wie tiefgreifend die Auswirkungen auf uns tatsächlich sind.

Doch das ist nicht alles nur negativ, wie ich bereits im Kapitel »Influencer:innen« gezeigt habe. Disney bemüht sich heute, progressivere Helden und Heldinnen zu präsentieren. Influencer:innen und Celebrity-Obsession ist jedoch mehr als nur leeres Nachgeeifere. Denn sie können jungen Menschen helfen, an sich und ihre Ziele zu glauben, intelligent, mutig oder auch mächtig zu sein.

Meine Mutter erzählt gern, wie ich als kleines Kind schon autoritäre Züge hatte. Ich war durch und durch ein Girlie-Girl, alles musste rosa und glitzernd sein. Irgendwann, als meine kleine Schwester noch nicht richtig sprechen konnte, veranstaltete ich ein Fest für alle unsere Kuscheltiere im Wohnzimmer. Dabei sagte meine Schwester mit ihren großen Rehaugen zu meiner Mutter auf Spanisch: »Valentina princesa, Lena no princesa.«

Ich hatte mich zum Oberboss der Plüschtieruntertanen erklärt und ihr mitgeteilt, dass nur ich eine Prinzessin sein könne – so wollte das »natürliche« Polly-Pocket-Recht es eben. Und das war nicht nur an diesem einen Nachmittag so. In unserer Kindheit war ich immer irgendwie Bestimmerin und Anführerin (oder ich habe halt rumgeheult, wenn ich es nicht war). Für mich hatten Prinzessinnen nie etwas mit Schwäche, Unterordnung, Liebsein oder irgendwelchen Prinzen zu tun. Prinzessin war für mich eine Herrschaftsform.

Arianne Chernock, außerordentliche Professorin für Geschichte an der Boston University, wird in dem gerade erwähnten Artikel von Lucia Peters zitiert: »Es gibt ein Element des Prinzessinnenspiels, das oft übersehen wird. Was bedeutet es wirklich für ein kleines Mädchen, Prinzessin zu spielen? Wenn du jemals kleinen Kindern beim Spielen zuhörst, merkst du, ja, manchmal träumen sie davon, einen charmanten Prinzen zu finden, aber zum größten Teil bedeutet das Prinzessinsein, dass sie diejenigen sind, die alle anderen herumkommandieren können.«[49]

Heute schaue ich gern Winx Club, wenn ich traurig bin. Ich mag die Feen, die rosafarbene Welt lässt mich den Blick aus dem grauen Fenster vergessen. Aber ich sehe mittlerweile schon, dass einiges mich einfach erheblich stört: Die Körper der Feen sind anatomisch für Menschen nicht möglich. Sie sind alle *obsessed* mit ihren *Boyfriends*. Stella, eine der Hauptcharaktere, ist oberflächlich, fashionsüchtig, nur auf ihr Äußeres fixiert und bekommt immer Herzaugen, wenn sie ihren Freund sieht. Bis ich zu dieser kritischen Revision meiner Lieblingsserie gelangte, hatte der Winx Club aber einen ganz anderen Einfluss auf mich. Die Feen waren bis zum Beginn der Pubertät ein starkes Vorbild für mich. Sie waren junge Frauen, die die Welt vor fast immer männlichen älteren Bösewichten retteten. Ja, sie hatten heiße Boyfriends, aber die waren viel schwächer als sie, die konnten nicht mal zaubern, diese »Spezialisten«. Die Winx waren die mächtigsten Wesen in der gesamten magischen Galaxie! Die Feen waren divers, sie hatten verschiedene Hautfarben und hatten Talente und Interessen, die sie ausmachten: Tecna war ein super Technerd, Musa konnte alle Instrumente spielen, Layla war so sportlich, dass sie die Jungs bei allen Wettkämpfen immer schlug. Und klar waren sie halt trotzdem kleine Insta-Models in Miniröcken, aber wer hat eigentlich festgelegt, dass man die Welt nicht in einem Minirock retten darf? Was ich von dieser Serie mitnahm, war für mich: Ich möchte sein wie all diese Feen und Prinzessinnen, vor allem eins, mächtig, selbstbewusst und stark.

POLITIK UND AKTIVISMUS

Mein Museum

Kraftlosigkeit im großen
Raum.
Grau fallende Schwalben
landen auf dem toten Baum.
Endlos klirrende Gleise.
Dunkelblau dumpfe Kreise.
Dicke Sandsteine zermalmen
alles was mir bleibt.

Golden fließende Hallen.
Elfenbein an Marmorsäulen.
Öl zeichnet mein Gesicht.
Die bunten Farben fallen.
Es bleiben graue Beulen
am Rahmen ohne Licht.

Hautfetzen an Eichenholz
stechen durch zerbrochne
Splitter.
Vorne hängt ein Meisterwerk.
Die Äpfel leuchten bitter
am verbotenen Berg.
Kuratoren lachen stolz.
Stehlen
alles, was mir bleibt.

ZWISCHEN HOLZZAHNBÜRSTEN UND FLUGREISEN

Im Dezember in der zwölften Klasse hält mich nicht viel am Leben. Meine Mom und ich fahren durch die leeren Straßen der Kleinstadt. Ich bin gelangweilt und rede nicht viel mit ihr. Da ist dieses klumpige Etwas in mir, das meine Worte im Kopf zerstückelt. Wir holen einen Freund aus Kalifornien von der verschneiten S-Bahn-Station ab. Vor ein paar Jahren bin ich in Las Vegas abgehauen, um mit dem Greyhound-Bus durch das golden glänzende Valley nach Laguna Beach zu fahren. Dort habe ich Eden kennengelernt, mit dem ich Lana Del Rey schreiend über den Pacific Coast Highway gefahren bin. Jetzt ist wenig von diesem Freiheitsgefühl und dieser Lebensfreude übrig geblieben.

Mit dunklem Eyeliner und dunklen Haaren laufen wir durch die Münchner U-Bahn-Stationen. Die Stadt ist tot und wir stehen vor einem halb leeren Club. Ich nehme Edens Hand und wir setzen uns in den Park mit Blick auf den Justizpalast. Ich zünde einen Joint an. Eden zieht wie ein 13-Jähriger und fängt an zu husten. Auf der Straße fährt ein blauer Polizeiwagen vorbei. Ich schaue Eden mit großen Augen an und halte meine Hand panisch unter die Bank. »Bitch, I'm scared. Police in Bavaria is something else!« Irgendwo ist die Angst vor der Polizei Teil des Erlebnisses, in Bayern aufzuwachsen. Später tanzen wir durch lilablaue Lichter. Ich bin zu betrunken, um irgendwas zu fühlen. Im Uber fahren wir durch die langen Tunnel, wir hören Musik, die wir schon gehört haben, als wir jünger waren. Noch nicht ganz nüchtern, buchen wir ein Ticket nach Berlin für heute Mittag. Theoretisch habe ich in ein paar Stunden Schule, aber das ist mir egal. Nicht weil ich mich an sich nicht für die Schule interessiere, sondern weil meine Psyche nicht zulässt, dass ich mich überhaupt für irgendwas interessiere. Mit einem Rucksack, einem Kater, zu wenig Schlaf und einer kleinen Portion Hoffnung laufen wir Richtung Hauptbahnhof. An uns ziehen eine Handvoll Jugendliche mit Pappkartonplakaten vorbei. Im Zug nach Berlin schweigen Eden und ich uns an. Ich höre irgendeine semitraurige Musik und bin nachdenklich. Unsere Generation hat keinen *Purpose*, keine Aufgabe, keine Bewegung, kein Ziel. Wir sind alle ein bisschen hoffnungslos, denke ich. Wenn ich Videos von Bewegungen ansehe, wäre ich gern Teil von irgendetwas. Proteste gegen den Vietnamkrieg in San Diego, auf LSD in Woodstock, bei den Studentenprotesten der 68er in Paris. Alles, was von älteren Menschen in Museen, Filmen und in der Popkultur romantisiert wird, vielleicht weil sie einmal selbst dabei waren und dann aufgegeben haben und sich dem Kapitalismus und dem Einfamilienhaus mit Gartenzaun gebeugt haben. Ich frage mich, wer diese jungen Menschen am Bahnhof waren, und finde im Internet schnell das ikonische Bild von Greta vor dem schwedischen Parlament, das ist erst ein paar Wochen her, dass sie da zum ersten Mal ganz allein saß. Dieses Wochenende werde ich Eden und seinen ukrainischen Lover aus der Gaybar ins Kater Blau schleppen und bis in den Samstag zu Techno tanzen. Nächste Woche aber will ich alles verändern.

Ich suche mir einen Therapieplatz und möchte wieder mehr Sinn in mein Leben bringen. Ich überrede zwei Freunde von mir am nächsten Freitag, auf eine der ersten Fridays-for-Future-Demonstrationen in Deutschland zu gehen. Neben uns laufen die elitären linken Kunstkids aus München mit ihren nachhaltigen Designerschuhen, sie hören Tame Impala über die Bose-Boxen, die ziemlich sicher in einem Dritte-Welt-Land unter menschenunwürdigen Bedingungen zusammengeschraubt wurden. Dass sie (und ich auch) gegen sich selbst, ihren Lifestyle und die ETFs und Aktienfonds von Mama und Papa protestieren, spielt hier keine Rolle. Wir schreien und tanzen und hoffen, wie sonst auch, plötzlich auf eine bessere Welt. Ich spüre große Widersprüche in dieser Menge und denke daran was eine Freundin mal zu Generation Z gesagt hat. *Wir stellen Anforderungen an die Gesellschaft, die wir selber nicht einhalten.*

In der Schule diskutieren wir die Argumente, die gegen die jungen Menschen auf den Demonstrationen vorgebracht werden. Wir stünden ja gar nicht dahinter, würden ja selber alle dreimal im Jahr in den Urlaub fliegen und wollten überhaupt nur Schule schwänzen.

Wenn ich um mich blicke, kann ich das nicht ganz klar leugnen, doch langsam entwicke ich eine Meinung dazu. Es braucht keine einzelnen perfekt moralischen und ökologischen Menschen, um eine Klimakatastrophe zu verhindern, wir brauchen ein System, das dies mit unserer Unterstützung schafft. »Die junge Generation ist da überraschend ehrlich. Die Jugendlichen wissen, dass sie noch nicht so leben, wie sie es eigentlich selbst wollen. Sie sind dafür zu sehr Kinder unserer Zeit. Konsequent auf Plastik zu verzichten, ist für Individuen zum Beispiel schwer. Die Jugendlichen wissen, dass sie es allein nicht schaffen, und haben deswegen eine starke Sehnsucht nach staatlichen Vorgaben«, sagt der Jugendforscher Klaus Hurrelmann.[50]

Mit jeder Demo wächst ein Gefühl von Verantwortung in mir. Aus einer leeren Suche nach Zugehörigkeit ist etwas Großes geworden. Ich fühle mich zum ersten Mal seit ein paar Monaten, als gäbe es da irgendwie mehr. Das Ganze nimmt Fahrt auf, jede Woche sind es mehr und mehr junge Menschen. Politik und Presse hören auf einmal zu. Meine Schule droht mit Verweisen und Disziplinarverfahren für alle, die freitags Schule schwänzen. Ich bekomme null Punkte in Sport, die ich sowieso bekommen hätte, und stehe jeden Freitag in München auf dem Königsplatz. Zum ersten Mal spreche ich auf meinen Social-Media-Accounts über Politik, über Bienenpetitionen und Klimastreiks. Ich entwickle wieder eine Leidenschaft für Politik, die mich die nächsten Jahre nicht loslassen wird.

In wenigen Monaten wird aus der politikverdrossenen, in Wohlstand und politischer Stabilität aufgewachsenen Generation eine aktivistische, laute Generation, die große Fragen und Forderungen an die da oben stellt. Wir realisieren, wir werden in Zukunft mit den Folgen der politischen Entscheidungen von heute leben müssen. In uns ist dieser starke Drang nach Veränderung gewachsen.

Die existenziellen Krisen, die uns bevorstehen, sind anderer Natur als die der Vorgängergenerationen. Zahlreiche Millenials haben die Finanzkrise und die damit einhergehende Arbeitslosigkeit als (junge) Erwachsene mitbekommen. Für viele von ihnen stand an erster Stelle, einen Ausbildungs- oder Arbeitsplatz zu finden, finanzielle Sicherheit zu erlangen und sich mit materiellen Produkten, Reisen oder Erlebnissen das Leben schön zu machen. Abstrakt und fern erscheinende Themen wie Klimawandel oder soziale Ungerechtigkeit spielen vielleicht keine so große Rolle, wenn nicht einmal klar ist, ob man selbst überhaupt einen Job bekommt, obwohl man ganz brav den Bachelor oder Master gemacht hat.

Für uns ist das alles anders, die Finanzkrise haben wir als Kinder nicht wahrgenommen oder verstanden. Bis zu dem Zeitpunkt, an dem wir 15, 16, 17 geworden sind und anfingen, uns mit unserer beruflichen Zukunft auseinanderzusetzen, galten schon wieder andere Voraussetzungen. Wenn wir durch die Stadt laufen oder durch Instagram scrollen, werden wir bombardiert mit Werbungen für Ausbildungsplätze oder Fernunis mit Doppelbachelor. Dieses – zumindest scheinbare – Wegfallen der existenziellen beruflichen Unsicherheit macht den Blick frei und erlaubt uns, uns zu politisieren. Die allgemeine Sicherheit über den Fortbestand des Planeten und unsere Lebens- und Wohlstandsgrundlage, die wir als Kinder erfahren haben, existieren für uns in dieser Form nicht mehr. Unsere Bedrohung ist nicht mehr so greifbar wie die der letzten Jahrzehnte, ihre Konsequenzen dafür umso dramatischer.

Viele junge Menschen versuchen als Einzelne zu handeln, doch der veränderte Konsum von wenigen kann nicht zu einem systemischen Wandel führen. Die Widersprüche, die ich auf den Demos erlebt habe, sind nicht Zeichen einer ignoranten Generation, die nur Ansprüche hat und nichts tut, sondern eine Aufforderung an diejenigen, die wirklich in der Verantwortung stehen. »Wer kein Fleisch isst, bezieht vielleicht trotzdem Kohlestrom. Wer kein Auto fährt, mag das gesparte Geld für die nächste Flugreise ausgeben. Wer gebrauchte Kleidung kauft, nutzt unter Umständen eine alte Ölheizung. Die Erkenntnis, dass die Politik Verantwortung jahrzehntelang an Privatpersonen abgegeben hat und sich somit selbst in die organisierte Verantwortungslosigkeit manövrierte, treibt Menschen auf die Straße. Die Menschheit rettet man nicht in Bioläden, sondern dort, wo die großen Entscheidungen getroffen und die gesellschaftlichen Rahmenbedingungen festgelegt werden.«[51] Das schreibt Jakob Nehls, der in der Jugendvertretung von Amnesty Deutschland aktiv ist.

Alles führt am Ende zurück zur Politik und zur Wirtschaft, zu den Menschen, die in unserem System Macht besitzen. Wir stehen vor vielen verschiedenen Herausforderungen. Autoritäre Kräfte gewinnen wieder an Macht, Desinformation fordert demokratische Grundverständnisse heraus und unsere Gesellschaft scheint gespaltener denn je. Doch was machen die Politiker:innen, die in unserem Namen für uns Entscheidungen treffen sollen? Und warum ist die Welt der Realpolitik, der Parteien und der Anzugträger immer noch so fern von uns?

PARTEIPOLITIK UND GENERATIONENKONFLIKT

Im September färbe ich meine Haare. Eine Seite pink, die andere lila. Ich bin im Zug nach Straßburg und bereite ein paar Interviews vor. Ich wurde vom Europäischen Parlament eingeladen, um mit deutschen Abgeordneten zu sprechen. Irgendein Teil des bürokratischen Apparats möchte junge Europäer:innen erreichen. Vor ein paar Monaten habe ich einen Politikpodcast gestartet, der jungen Menschen politische Themen näherbringen soll. Ich saß mit pinken Haaren und einem blauen Europapulli vor meiner YouTube-Kamera und habe den Aufbau der EU erklärt, als Teil der offiziellen »Go Vote«-Kampagne des Parlaments. In einer Woche werde ich mein Praktikum beim *FOCUS*-Magazin anfangen, danach geht es nach New York zur *New York Times*, die ARD wird den Podcast in ein paar Monaten übernehmen. Ich bin 19 und sehe mich noch als zukünftige Politikjournalistin, dass das alles aber eine Welt ist, die mich dort als störend empfindet, ist mir nicht so ganz bewusst.

In diesem Hotelzimmer in Straßburg, das kein richtiges Fenster hat, fühle ich mich einsam, aber irgendwie auch motiviert und voller Kraft. In der Früh ziehe ich mich an, ich muss mich irgendwie anpassen, weißes Hemd und schwarzes Sakko, das meiner Mutter nicht mehr passt, werden es schon tun. Also marschiere ich mit meinen etwas dreckigen Doppeldecker-Converse, der silbernen, runden Blogger-Mister-Spex-Brille und den pink-lila Haaren die Straße hinunter in Richtung Parlament. Ich bin ungefähr so nervös wie bei meiner Abiturprüfung. Das Gebäude funkelt in Türkis-hellblau wie ein Unterwassertempel und an mir zischen schwarze Limousinen mit abgedunkelten Fenstern und Diplomatenkennzeichen vorbei. Drinnen wartet jemand auf mich und bringt mich in die Presseloge des Parlaments. Ich sitze in einer Institution der Demokratie, sehe zum ersten Mal, was das Europa, in dem ich aufgewachsen bin, bedeutet, und habe ein bisschen Gänsehaut, auch wenn die Themen, über die diskutiert wird, total irrelevant sind. Es sind nicht viele Journalisten und Journalistinnen da, für die ist heute alles so routinemäßig und nicht so der Brenner. Ich sitze da wie ein Kind in Disneyland und komme mir total souverän und ernst zu nehmend vor.

Die Interviews sind in meiner Notizen-App, neben schlechten Gedichten und Dingen, die ich auf Drogen geschrieben habe. Manchmal verhaspele ich mich unangenehm, während ich eine Frage stelle. Ich mache ein Selfie mit einem CSU-Politiker, der mir erklärt, die CSU sei die Partei der Schöpfung Gottes und deswegen ja auch die Klimapartei. Es ist surreal, durch diese langen Gänge mit den unendlich hohen Decken zu laufen. Im Leben fühle ich mich eigentlich groß, ich nehme gern Raum ein. Hier fühle ich mich so ganz komisch klein. Mit jedem Schritt und jedem schief-höflichen Lächeln im Aufzug merke ich immer mehr, dass ich hier nicht hingehöre. Ich bin wie ein Alien mit meinen bunten Haaren und den Chucks. Die alten, etwas traurig und gelangweilt ausse-henden Männer in Anzügen schauen mich verwirrt an, wenn sie mich überhaupt irgendwie registrieren. *Wer hat die Kleine denn zum Tag der offenen Tür eingeladen? Ist schon wieder Bring-your-kids-to-work-day?* Ich drücke das Unwohlsein runter mit der Begründung, (Europa-)Politik gehe auch junge Menschen was an. Die anfängliche Begeisterung ist in ein ganz komisches Unwohlsein im Oberbauch umgeschlagen. Ein Mann, dessen Tochter ihm erzählt hat, ich sei heute hier, spricht mich im Pressecafé an. Er ist vom BR oder WDR, keine Ahnung. Er möchte ein Interview mit mir führen. Seine Tochter hat ihm vermittelt, ich sei irgendwie wichtig. Kurz erzähle ich, was ich hier mache, und denke, jetzt kommen Fragen über Jugend und Politik, doch was kommt, sind nur die Fragen, die jeder öffentlich-rechtliche Journalist jemals eine junge Influencerin gefragt hat. Da sitze ich also in der einzigen direkt vom Volk gewählten demokratischen Institution in der ganzen Europäischen Union und dieser Typ will wissen, ob ich die Make-up-Werbung nur für Geld mache. Ich habe dieser Welt nicht mehr zu bieten als eine polemische Schlagzeile, die sowieso niemanden interessieren wird. Sie verstehen nicht, dass sie Menschen wie mich brauchen. Vielleicht nicht unbedingt mich direkt, aber junge Menschen mit einer Stimme.

Es ist nicht nur dieser Journalist, nicht nur die Presse oder die Politiker, die mich ein bisschen belächeln, als ich im Soho-Haus frage, warum man nach Russland keine Handys mitnehmen soll. Es bin nicht nur ich, die sowieso ohne Frage ein bisschen unangenehm, ein bisschen *cringe* ist. Es ist jeder Hebel, der mit Macht zu tun hat. Ich habe mal in einem Interview gesagt, ich hätte ein pessimistisches Menschenbild, doch ich weiß eigentlich gar nicht, ob das wirklich so stimmt. Ich glaube, Menschen sind nicht schlecht an sich. Aber es gibt Dinge, die Menschen verändern, die sie dazu bewegen, ihr Verhalten zu ändern und sich auf Bestimmtes zu fokussieren. Auf Geld, auf Prestige, auf Macht. Ich finde das alles auch nicht schlecht. Werte, die eigentlich nur ein Konstrukt sind. Manchmal zweifle ich an der Welt und wahrscheinlich noch ein bisschen mehr an mir. Ich denke dann, es könnte alles anders sein. Zahlen, Farben, Daten und Gefühle könnten in einer anders konstruierten Realität etwas ganz anderes sein. Unsere gesamte Welt ist eine Abstraktion und Konstruktion. Sie hat so wenig Griffigkeit, so wenig Reales. Ich schwimme dann in sogartigen Gedanken. Es fasziniert mich, wie Werte, die in mir irgendwie nicht existieren, so einen großen Einfluss auf mein Leben haben können. Es ist ja nicht so, dass ich diese Nachrichten-Anchors und Innenminister nicht verstehe. Ich glaube, dass ich ihnen ähnlich bin in ihrem Streben nach Macht und Bedeutung. Doch etwas unterscheidet uns, vielleicht ist es auch nur unsere Generation. Die Männer im Anzug werden für ihre Konformität belohnt, es fühlt sich gut an, Teil einer Gruppe zu sein, Teil einer Institution. Bei uns ist das anders. Wir wollen alle irgendwie anders und besonders sein. Und sind am Ende alle gleich.

Diese Welt, diese Generation aus traurig aussehenden alten Herren in Anzügen will uns nicht verstehen. Wir sind eine Bedrohung, wir fordern Rechte und Gerechtigkeit und wir wünschen uns einen neuen Gesellschaftsvertrag, der wirklich für alle funktioniert.

»Mein Eindruck ist, dass die jüngere Generation sehr viel verweichlichter ist. Das Leben ist kein Safe Space. Das Leben ist keine Playstation, sondern eine Pay Station«, meint ein Herr in einer ZDF-Diskussion über den Generationenkonflikt. Natürlich hat das Leben seine Schwierigkeiten, doch er versteht nicht, dass es Menschen gibt, denen mehr abverlangt wird als weißen heterosexuellen Männern. Die Auseinandersetzung über Privilegien mit einer jungen afrodeutschen Diskussionsteilnehmerin ist einfach nur unangenehm anzusehen, ich schäme mich für ihn und den Fakt, dass es Tausende Menschen gibt, die denken, Privilegien würden nicht existieren, schließlich hätten wir es ja alle schwer.

Wenn ich belächelt werde und mich klein fühle, dann nur, weil ich nicht merke, dass wir die Zukunft sind. Die Politik, die sich immer eine politische Jugend gewünscht hat, ist jetzt überfordert. Irgendwo auf der Strecke zwischen Jung und Alt ist etwas liegen geblieben. Vielleicht die Sprache, die wir sprechen, warum wir die alte Ordnung als schlecht empfinden, oder es fehlt einfach nur ein Verständnis füreinander.

Klaus Hurrelmann, der bereits erwähnte Jugendforscher, hat herausgefunden, dass die heutigen unter 20-Jährigen sich mehr für Politik interessieren als die Generation vor ihnen.[52] Aber die alte Politik interessiert sich nicht für unsere Anliegen, Deutschland hat eine unausgeglichene Altersstruktur, es gibt im Verhältnis zu wenige junge Menschen und zu viele alte. Die Europawahl, aber auch Bewegungen wie Fridays for Future oder Black Lives Matter zeigen, dass die Interessen von jungen und alten Menschen in Deutschland stark auseinandergehen. Und die Politik hört vor allem darauf, was die Alten wollen. Diese Spaltung ist für unsere Interessen jetzt schon unproduktiv. Sie könnte aber, wenn sie sich fortsetzt, zu einem richtigen Problem werden. Unsere Gesellschaft beruht auf einem Generationenvertrag.[53] In Deutschland zahlen die aktuell Arbeitenden die Renten der Menschen im Ruhestand. Das kann kritisch werden, wenn die Anzahl der Arbeitenden gegenüber derjenigen der Rentner:innen zurückgeht. Der Konflikt zwischen der jüngeren Generation, die sich eine gerechte, zukunftsfähige Welt wünscht, und denjenigen, die auf das Geld der Arbeitenden angewiesen sind, ist vorprogrammiert.

Wir sind nicht nur weniger Wähler:innen, sondern wir gehen insgesamt auch weniger wählen. Viele junge Menschen können noch nicht wählen, viele machen von ihrem Wahlrecht keinen Gebrauch. Die Wahlbeteiligung von jungen Menschen ist niedriger als die von alten.[54] Die Politik wirft uns das vor. Eine steigende Politikverdrossenheit stellt auch die letzte Shell-Jugendstudie fest.[55]

Das glaube ich irgendwie nicht. Ich glaube, wir sind sehr politisch. Themen wie Gerechtigkeit, Klimaschutz und Menschenrechte bewegen uns. Wir sind nicht politikverdrossen, sondern parteiverdrossen. Die Parteien sind sehr fern von uns. Wählen ist zwar demokratisches Privileg, aber mit Leidenschaft unterstützen die meisten keine Partei. Sie sind für viele von uns bürokratische Apparate, die nichts mit unserer Lebenswelt zu tun haben. Sogar wenn man selbst Mitglied wird, hat man nicht wirklich das Gefühl, man könnte etwas verändern. Die Strukturen sind zu alt, zu festgefahren. Als ich 16 war, bin ich in eine der Jugendparteien eingestiegen, nach ein paar Treffen spürte ich aber, dass ich an diesem Ort keine Rolle spielte und mich nicht wohlfühlte.

Die UNICEF hat herausgefunden, dass sich in ganz Europa jüngere Bürger:innen immer weniger in Parteien engagieren oder an Wahlen teilnehmen. Auch das Vertrauen gegenüber den

Regierungen sei unter Jugendlichen besonders niedrig.[56] Das Magazin *Cicero* schreibt, es existiere ein Gegensatz zwischen der angeblich politikverdrossenen Jugend und auf der anderen Seite dem leidenschaftlichen, globalen Aktivismus.[57] Ich glaube, das ist nicht wirklich ein Gegensatz, sondern eine neue Form von politischem Engagement. Die klassischen Wege von politischer Mitbestimmung entsprechen nicht mehr unserem Verständnis von Politik. Deswegen kreieren wir eigene Wege, um auf die Themen, die für uns relevant sind, aufmerksam zu machen. Und dieser Prozess ist unglaublich wichtig, um Vertrauen in die Demokratie und ein Verständnis für das politische System zu entwickeln. Die Art und Weise, wie wir politisch agieren oder in manchen Augen auch nicht agieren, und die Lösungen, die wir fordern, mögen für manche Parteien neu sein. Im Grunde ist unsere Haltung und Auffassung von Politik aber nicht kompliziert.

Wir gehen, wie auch viele Menschen früherer Generationen, emotional an politische Themen heran. Wir haben Sorgen, Ideen und Bedürfnisse, die wir irgendwie, auf unsere Art kommunizieren. Die Aufgabe der Parteien ist es, uns zuzuhören und unsere Bedürfnisse in echte Sachpolitik auf Augenhöhe umzuwandeln.

Christian Scholz ist Generationenforscher, er hat schon 2015 Aussagen über die damals noch junge Generation Z getroffen, die heute noch stimmen: »Sie erwartet nichts von Politikern. Sie ist dabei weder frustriert noch verärgert. Die Generation Z blendet Politiker einfach aus ihrem täglichen Leben aus.« Er schreibt, dass gerade mal zwei Prozent der Abgeordneten unter 30 Jahre alt seien, während die Babyboomer mit über 50 Prozent die absolute Mehrheit stellen.[58] Mangelnde Diversität im Bundestag, in diesem Fall Altersdiversität – die man auch in anderen Aspekten wie Geschlecht, sexueller Orientierung oder Hautfarbe kritisieren sollte –, führt dazu, dass Politik für eine bestimmte Personengruppe gemacht wird. Der Babyboomer-Bundestag fokussiert sich auf Themen wie die Rente mit 63 – das motiviert und freut ihre Wählerbasis, die zum Großteil ebenfalls aus Babyboomern besteht.[59] Scholz erklärt, warum wir keinen Bock auf traditionelle Politik haben: Politiker wüssten nämlich wenig über die Themen, die die Generation Z beschäftigen, und könnten kaum mit den jungen Menschen dieser Generation kommunizieren.[60] Sie sind auf Facebook und Twitter. Auf Instagram ist das, was die meisten machen, eine Mischung aus peinlich und ultralangweilig. Sie sitzen in Talkshows und Nachrichtensendungen, die zu festgelegten Uhrzeiten im Fernsehen oder in den Mediatheken der privaten und öffentlich-rechtlichen Sender zu sehen sind. Darin »geht (es) überwiegend um Politiker, die sich irgendwo in einem Paralleluniversum bewegen und von oben herab die Welt kommentieren«, so Scholz. Er glaubt, deutsche Politiker:innen seien heute keine Vorbilder mehr. Die Zeiten eines charismatischen Willy Brandt oder John F. Kennedy, die damals auch die jungen Menschen begeisterten, seien vorbei.[61] Heute finden wir inspirierende Stimmen nicht mehr bei uns, allenfalls noch in der Ferne – in den USA. Da ist eine Alexandria Ocasio-Cortez, eine Kamala Harris, ein Barack Obama. Und das war's auch schon.

Das mit uns und der Realpolitik sieht irgendwie düster aus. Ich glaube aber, dass sich genau jetzt auch schon sehr viel tut. Viele Influencer:innen, die vorher nur über Beauty und Lifestyle berichtet haben, sprechen heute über Politik. Es gibt immer mehr

massen- und jugendtaugliche Politikformate, sei es die Tagesschau auf YouTube, Gespräche zwischen Politiker:innen und In-
fluencer:innen in Instagramstories oder auch Formate, die ex-
plizit von und für junge Menschen gestartet werden, wie das
Angebot von *funk* oder mein ARD-Podcast *Pancake Politik*. Die
jungen Menschen merken: Nur Protestieren reicht nicht, wir
brauchen Realpolitik. Die Politik muss mit uns in den Dialog tre-
ten, sogar mehr als das. Wir müssen versuchen, einander zu verstehen. Vieles würde sich verändern, wenn ältere Politiker:innen,
die es noch nicht tun, uns und unsere Lebensrealität auf Social
Media ernst nähmen. Wenn sie versuchen würden, uns wirklich
zu respektieren, uns zuzuhören und zu verstehen, dass wir ihr
politisches Erbe tragen werden.

Wir als junge Generation hingegen sollten verstehen, dass
Politik mehr als alte traurige Männer in Anzügen sein kann und
auch sein muss. Politik ist trotz allem für viele junge Menschen
heute noch etwas sehr Fernes, doch in Wahrheit hat die Politik
einen großen Einfluss auf unsere Lebensrealität, denn die Themen, die uns in unserem Alltag beschäftigen und uns Sorgen
machen, können von der Politik verändert werden. Wir müssen
uns mehr informieren und damit auseinandersetzen, was in der
Politik passiert und wie wir abseits von Wahlen einen direkten
Einfluss darauf haben können. Und nicht zuletzt, wie wir Politi-
ker:innen dazu bringen, uns zu hören, oder wie wir selbst welche
werden.

GENERATION MERKEL

Sie war schon immer da. Mit einer fast unmenschlich kalten Miene und einem pastellfarbenen Blazer als einzig farbigem Ereignis zwischen klonartigen Männern mit weißen Haaren in dunklen Anzügen. Seit unsere Generation denken kann, ist Angela Merkel Bundeskanzlerin. Unsere ersten Erinnerungen an Politik sind unwiderruflich mit ihr verbunden. Mutti Merkel sitzt zuversichtlich lächelnd auf der Tribüne bei der deutschen Fußball-WM, als ich fünf Jahre alt bin. Papa zeigt auf den Fernseher und sagt: »Das ist Merkel, sie ist die Chefin von Deutschland.«

Deutschland ist für mich das Land von Papa, Mexiko das von Mama. Dass Länder eine Mutti haben, macht Sinn für mich, aber was diese Mutti macht, ist ganz ganz fern von mir. Dass ein »*die Chefin*« etwas Besonderes ist, werde ich viele Jahre lang nicht verstehen. Ich wachse auf mit einem anderen Selbstverständnis von Politik. Amerika, das Land, dessen staubige Grenze mit den Stacheldrahtzäunen und den großen Maschinengewehren wir immer mit dem Pick-up-Truck meiner *Abuelita* überqueren, wird von einem African American regiert. Ich weiß nicht, dass das etwas Besonderes ist, denn für uns, für Generation Z, sind schwarze, schwule und weibliche Politiker:innen so selbstverständlich wie das Atmen. Den Namen Osama bin Laden habe ich mal gehört. Obama auch. Ich glaube, es wäre dieselbe Person. Weder zu der einen noch zu der anderen habe ich eine positive oder eine negative Konnotation. Meine zwei besten Freundinnen sind Afrodeutsche. Mit neun Jahren kommt es mir nicht im Entferntesten in den Sinn, dass es, wenn wir mal groß sein werden, Leute geben wird, die denken, sie gehören nicht hier nach Deutschland.

Irgendwann, ziemlich spät, fange ich an zu merken, dass die Welt, in der wir leben, keine faire ist, aber dass es Menschen gibt, die das verändern wollen. Ihnen voran die ewige Kanzlerin, die Mutti Merkel. Doch was sagt das über eine Gesellschaft aus, wenn dessen mächtigste Frau auf die einzige Machtposition, die einer Frau naturgemäß zusteht, reduziert wird?

Nach 16 Jahren Merkel wird mir klar: Wir leben in einem Land, das nicht bereit war für eine Frau an der Spitze, überhaupt für eine gleichberechtigte Frau. Man kann Merkel sowohl als Mensch als auch ihre politische Zugehörigkeit kritisieren und nicht mögen, doch man kann nicht leugnen, dass sie deutsche Politik langfristig geprägt hat. »Merkels Zurückhaltung war etwas ganz Neues. In einer Männerpartei und im Zentrum der Macht nicht ständig mit der Faust auf den Tisch zu hauen, nicht herumzubrüllen, nicht auf jeden Demütigungsversuch zu reagieren – all das, was heute auch dank Merkel angemessen erscheint, war lange Zeit ein ungewöhnliches Verhalten in der Politik, und nicht alle waren begeistert davon. Merkels Art war damals eine Provokation. Heute so wie Merkel zu sein ist eine Banalität.«[62]

Menschen prägen Generationen. Die großen Gesichter aus Musik, Film, Popkultur und nicht zuletzt aus der Politik werden zu Symbolen ihrer Zeit. Kolumnist und Autor Till Raether schreibt im *SZ-Magazin*: »Konrad Adenauers provinzielle Rheinrepublik zwang die Menschen in dunkle Rollkragenpullover, Godard-Filme und Ingeborg-Bachmann-Lektüre und ebnete so den Weg für die

Achtundsechziger.«[63] Da war ein Willy Brandt, dessen Charisma die Menschen auch Jahre später nicht mehr losließ, oder die Legende Helmut Kohl. Er war von 1982 bis 1998 Bundeskanzler. Ich weiß eigentlich gar nicht viel über Helmut Kohl. Ich musste noch mal googeln, wer das überhaupt war. Der mit der Wiedervereinigung, dem dicklichen Gesicht und der übergroßen Eightiesbrille. Und weiter Till Raether: »Die Kohl-Generation wuchs auf mit dem Gefühl: Die Dinge sind, wie sie sind, sie gefallen einem womöglich nicht, aber es gibt eine natürliche Ordnung, der man sich nicht widersetzen kann. (...) Die Generation Merkel aber ist in dem Bewusstsein aufgewachsen, dass es normal ist, wenn eine Wissenschaftlerin ohne politische Erfahrung und ohne Netzwerke innerhalb von elf Jahren eine große Partei übernehmen und noch mal fünf Jahre später Kanzlerin werden kann.«[64]

Wahrscheinlich erinnern wir uns nicht an diesen Machtkampf oder haben erst viel später verstanden, was es bedeutet, Angela Merkel an der Spitze unseres Staates zu haben. Doch die politische Unruhe, eine Ungewissheit über die Zukunft und die endlos scheinenden möglichen Richtungen, die die Politik einschlagen könnte, scheinen etwas zu sein, das charakteristisch für unsere Zeit ist und nicht für Politik an sich. »Wenn die Stimmen der Generation Kohl sich heute aus ihren Chefredaktionen und in ihren Talkshowsesseln kritisch über die Gegenwart äußern, wirkt es, als wären ihnen in Wahrheit die Überraschungen und die Bewegtheit der Merkel-Ära zu viel geworden und als sehnten sie sich zurück nach der Stagnation der Kohl-Ära. Es ist die Generation Kohl, die so zur eigenen Beruhigung so viel wie möglich von dieser Stagnation herübergerettet hat in die Gegenwart. Der Dieselmotor, die deutsche Fernsehunterhaltung, Schlagerrock und Popschlager, kommerzialisierte Gemütlichkeit und der sanfte Zwang zur Selbstoptimierung: Das ist die Ästhetik und das sind die Überzeugungen, mit denen meine Generation die Gegenwart prägt.«[65]

Diese auf uns veraltet und überholt wirkende Ästhetik spielt aber immer noch eine große Rolle. Denn die besagte Kohl-Generation kontrolliert heute noch die oberen Etagen der Institutionen, in denen wir unsere Zukunft sehen. Die Chefredaktionen, Unternehmensvorstände und Ministerpräsident:innenkonferenzen leben und prägen die Auffassung, einfach hart zu arbeiten, dann wird schon nichts passieren. Doch das gilt längst nicht mehr für Menschen, die nicht Thorsten oder Klaus heißen, in der Kleinstadt aufs Gymnasium gegangen sind und sich dann langsam Richtung Chefposten und Bausparvertrag hochgearbeitet haben.

Merkel hat abgesehen von Klimaversäumnissen und einem geringen Bewusstsein für Digitalisierung Generation Z relativ positiv geprägt, doch auch ihr Politikstil muss überdacht werden. Während Merkel also dereinst in der Uckermarck an einem Brandenburger See ihre wohlverdiente Rente genießen wird, sitzt eine Handvoll backfrische Politiker:innen in den Startlöchern und muss in den nächsten Jahren entscheiden, in welche Richtung wir als Land gehen wollen. Und in deren Nacken wächst eine neue Generation von Politiker:innen heran, die von Haus aus ein ganz anderes Verständnis von Politik hat. Es wird sich zeigen, ob das ein Haufen junge »alte-weiße-Männer« à la Philipp Amthor sein wird oder ob wir es schaffen, einen Bundestag so zu besetzen, dass er die Identitäten und Interessen (fast)[66] aller Deutschen umfassend repräsentiert.

Ich sehe die Kohl-Köpfe schon ein bisschen schmunzelnd und lachend angesichts solcher idealistischen Forderungen und Ideen. Ich verstehe die Müdigkeit und wie einfach es sein kann, sich desillusioniert einem System zu fügen, vor allem wenn man selbst einer von dessen Profiteuren ist. Doch ich verstehe nicht, wie man guten Gewissens die Augen verschließen und die unübersehbaren Schicksale der anderen ignorieren kann. Auch der Spätkapitalismus hat seine Gewinner. Doch die Verlierer sind nicht einfach nur Menschen, die faul, unintelligent oder nicht motiviert genug sind, sondern Menschen, die in einem Sprint mit demselben Endziel mehrere Hundert Meter weiter hinten starten mussten. Ich glaube, politische Verbesserung anzustreben, ist einfach Teil des Lebengefühls von jungen Menschen. Die Frage ist nur: Wie schaffen wir es, uns dieses Lebensgefühl zu erhalten und in Handlungen mit politischem Gewicht umzuwandeln?

Das ging ja unseren Vorgängergenerationen nicht anders, ob sie nun mit Walkman oder Atomkraft-nein-danke-Button unterwegs waren oder, noch früher, gegen den Vietnamkrieg demonstrierten. Gesetze und Politik orientieren sich an der Gesellschaft, die sie trägt. Wenn diese sich aber grundlegend weiterentwickelt – und das tut sie, gerade in diesen Zeiten –, kann es noch so viele Pragmatiker:innen in Berlin-Mitte geben. Wenn wir uns verändern, dann ändern sich auch die Welt und die Spielregeln, innerhalb derer wir agieren.

Angela Merkel wird die Person bleiben, die über unserem wachsenden politischen Bewusstsein als Kinder und Jugendliche der Generation Z schwebte. Doch alles, was jetzt noch kommt, ist ungeschriebene Geschichte.

FREIHEIT UND SINN

Zukunftsdroge

An der Schwelle meiner
Worte
hängt der Wahnsinn.
Wahn. Sinn.
Aber welchen Sinn hat

Angst-Adrenalin
wird
zu
Dopamin

Die Welt ‹endet›
und wir sind immer noch da.
Weil wir nicht enden.
Nur vergehen.

Hängen mit den Lippen am
klaren Wein.
Zwischen Drogenrauch und
Drogenrausch.
Auf der Fensterbank in der
zerbrechenden Stadt.

DROGEN, MERITOKRATIE UND TRANSZENDENZ

Die Sommerluft drückt sanft. Wir sitzen in einem alten französischen Zug und hören Musik. Ich habe die letzten Wochen in Paris gelebt und einen ganz neuen Zustand von Freiheit kennengelernt.

Tagsüber saß ich zwischen schweren Säulen in beigen Universitätshallen, die wie Zeugen eines vergangenen Imperiums wirkten. Nachts küsste ich nackte französische Mädchen mit einer endlos wirkenden Leichtigkeit. Ich saß am Pont Neuf an der Seine bei Sonnenuntergang, las Texte großer französischer Philosophen und rauchte Zigaretten. Ich war allein, doch endlich nicht mehr einsam.

Ich stehe an einem kleinen Bahnhof in einem Dorf in Nordfrankreich. Wir steigen in ein Auto ein, das uns auf eine Waldlichtung fährt, und bauen dort ein Zelt auf. Aber schlafen wird darin heute niemand. Bekannte meiner Freundin haben einen Rave im Wald organisiert. Sie hatte mir erzählt, dass sie oft aufs Land fahren, Drogen nehmen und zwischen den Feldern und Hügeln durch die Nacht tanzen. In der Schulzeit hatte sich Techno zu meiner Ersatzreligion entwickelt. Die Musik eröffnete mir einen transzendenten Raum, in dem mich die Sekunden zwischen der Musik in meine Einzelteile zerfallen ließen.

Sie fragt, ob ich auch was schmeißen möchte.

Umwoben von Nervosität und einer leichten Sommerbrise sitze ich auf der Wiese an der Lichtung. Wir sind vielleicht zweihundert Kids, vollgeschwappt von einer Sehnsucht nach mehr im Leben und mehr von der Welt.

Eine gelbe Pille schwimmt meinen Hals hinunter. Die Sonne ist untergegangen und wir tanzen langsam unter den dunklen Baumkronen. Meine Pupillen weiten sich, ich merke, wie meine Haut sich verändert. Das Licht wird gedämpfter und mein Drang zu tanzen wächst. Ich bin plötzlich verliebt und bin in einer Welt angekommen, die ich so gut kenne. Die Zwischenwelt. Ein ekstatisch-ruhiger Raum, den ich auf unterschiedlichste Art betreten kann. Eine transzendente traumartige Loslösung von allem Irdischen. Sie existiert in der tiefen Nacht unter funkelnden Lichtern, sie existiert in der vollkommenen Lyrik und immer in mir selbst:

/ Zwischenwelt /

Selig schläft sie dort, im Blumenblau.
Wollt weg von ihrem Bett aus Elfenbein.
Tochter der perlmutt-schwarzen Nyx.

Schließ die Augen, bleib in der Zwischenwelt.
Wo der Schlafmohn zärtlich wächst.
Ich will den Tod, trink Morpheus' Opium.
Komm nicht an und kann nicht gehen.

Warst nie Materie, wie die andern dort
Und auch keine blasse Oneiroi.

Würd gern tanzen wie sie im Sterngewand.
Doch ich bleib wo ich schon immer war.

Ewig schwimmend in der Styx.
Wie eine Wolke, bloß aus nichts.
Stecke fest in dieser Zwischenwelt.

Ich küsse ein Mädchen, ihre Augen kullern. Sie erzählt mir – und ich spüre jeden Teil ihrer Geschichte – von ihrer Flucht durch Osteuropa, vor einem Vater, der sie misshandelte. Meine Freundin findet mich, zieht mich an den Rand des Waldes und beginnt sich zu übergeben. Verschwommen sehe ich, wie alle um mich rum am Rand stehen und sich übergeben. Ich frage sie, ob irgendwas mit den Drogen nicht stimmt. Sie schüttelt den Kopf und sagt, das sei immer so. Man fühlt sich so frei nach dem Kotzen! Ich spüre da diese unbegreifliche Schwere in meinem Magen. Der Inhalt sitzt tief in mir und ich möchte mich befreien. Wir hängen über Unkraut und sie steckt mir ihre Finger in den Hals, ich würge und würge und es kommt nichts. Ich tanze weiter und sehe am Horizont die ersten Sonnenstrahlen aufsteigen. Ich lerne ein anderes Mädchen kennen und wir küssen uns. Ich möchte sie anfassen. Sie sagt mir, sie liebt mich, und ich lächle sie an.

Weißt du, was das Problem mit Ecstasy ist? Du hast das Gefühl, du bist verliebt, in alles, in jeden und endlich sogar in dich selbst. Doch wenn du wirklich schon mal geliebt hast, auf diese allumfassende, dich packende, die wunderschöne und zugleich zerstörerische Art und Weise, dann weißt du: Es ist nicht echt. Es sind bloß achterbahnfahrende Verzweigungen in deinem Gehirn.

Die chemischen Reaktionen lassen mich jetzt lieben, aber was ist mit der klaren Welt. Was ist mit der ganzen übrigen Zeit?

In Momenten wie diesen realisiere ich, dass Realität nicht zwingend, sondern notwendig ist.

Es ist Sommer und ich beginne meine Recherche zum Umgang meiner Generation mit Drogen. Mir schwebt ein düsteres Bild vor: Ich denke an die Lichter der Stadt und wie Jake, als wir 15 Jahre alt waren, auf Xanax über die Autobahn fährt. Ich denke an Chloe und daran, wie verliebt ich in ihre Traurigkeit war. Wie ich eine Mischung aus Angst und Faszination dafür empfand, dass sie jeden Morgen vor der Schule in der S-Bahn kokste. Ich denke an Nathalie und wie wir mit gluckernden Augen, voll auf LSD, in einem Casino in Las Vegas stehen. Ich denke an einen meiner besten Freunde aus der Mittelstufe und daran, wie aus einem lustigen, lauten Jungen eine leere Menschenhülle geworden ist.

Drogen waren immer präsent in meinem Leben. Es wäre aber zu einfach zu glauben, ich sei in einem schlechten Umfeld aufgewachsen. Zu arm oder zu reich. Zu städtisch oder zu ländlich. Irgendeine Monotonie oder jugendliche Naivität wird schon schuld daran gewesen sein. Doch das war es nicht, denn egal wo und mit wem ich war, irgendwer konsumierte immer irgendetwas. Ich hatte mich nie intensiv damit auseinandergesetzt, aber ich dachte immer, Drogen nehmen wäre sehr Gen Z.

Doch das stimmt nicht. Statistiken zeigen, dass Jugendliche seit Jahren immer weniger Drogen, Tabak oder Alkohol konsumieren. Die Psychologin Dr. Jean M. Twenge, die ich schon zitiert habe, untersucht in ihrem Buch »Me, My Selfie and I« die Generation Z.

Sie erklärt, dass unsere Generation weniger konsumiert als die Generationen vor uns. 2001 gab jeder fünfte 12- bis 15-jährige Millennial an, noch nie Alkohol getrunken zu haben. 2016 war es jeder zweite aus der Gen Z, der in diesem Alter noch keinen Alkohol konsumiert hat.[67] Der Anteil der 16- bis 17-Jährigen, die bei der Studie angaben, dass sie in den letzten 30 Tagen einen starken Alkoholexzess hatten (Komasaufen), sank von 2004 bis 2016 von 43 auf 30 Prozent.[68] »Wie steht es mit dem Gebrauch von Drogen? Der Höhepunkt des verbotenen Drogenkonsums (...) war unter Jugendlichen in den späten 1970er und frühen 1980er Jahren zu verzeichnen. Danach sank der Konsum (...) stark ab«,[69] schreibt Twenge.

Ich sitze vor meinem Laptop und starre verwirrt in das halbvolle Co-Working-Café in Paris. Was ich da lese, entspricht so gar nicht meiner Lebensrealität und dem, was ich über die letzten Jahre gesehen habe. Doch je mehr ich darüber nachdenke, desto mehr macht es Sinn. Denn rückläufige Zahlen in den Statistiken bedeuten nicht, dass Alkohol- und Drogenkonsum gar nicht mehr existieren. Ich selbst habe ja auch keinen Vergleich und kann gar nicht wissen, wie es früher war. Wenn wir also weniger konsumieren als unsere älteren Cousins, unsere Eltern oder sogar Großeltern damals – dann warum?

»Verglichen mit ihren Vorgängern ist es (für die Generation Z) weniger wahrscheinlich, Sex zu haben, Auto zu fahren, zu arbeiten oder Alkohol zu trinken.«[70] Dr. Jean M. Twenge glaubt, dass der geringere Drogenkonsum Teil eines größeren Trends ist. Basierend auf der Life-History-Theorie argumentiert sie, dass unsere Generation langsamer erwachsen wird. Der Theorie zufolge ist »das Entwicklungstempo … eine Anpassung an den kulturellen Kontext«.[71] Das liegt unter anderem daran, dass »Eltern … (mehr) Zeit haben, um jedes Kind zu erziehen, damit es der neuen, auf Wettbewerb ausgerichteten wirtschaftlichen Umgebung entsprechen kann«.[72]

Ich denke, Alkohol, Drogen und Eskapismus waren schon immer da. Aber wir wurden nicht dazu erzogen, uns mit 15 in den Club zu schleichen und auf der Toilette Koks von einem Fremden zu ziehen. All das, was ich tat und sah, war nur eine romantisierte Art von Rebellion gegen eine Welt, die uns zu früh zu viel abverlangte. Denn wir wurden zu etwas ganz anderem erzogen: Die Welt, in der wir aufgewachsen sind, dreht sich immer schneller. Von klein auf brachte man uns bei, dass nur Geld, Erfolg und Sicherheit uns glücklich machen können. Wir verstehen nicht wirklich, dass wir immer mehr arbeiten müssen und dann immer mehr Zeit im Internet verbringen, um wieder runterzukommen, damit ein paar wenige immer reicher und reicher werden. Damit das Rad immer weiterläuft.

Der Widerspruch ist so tief in mir verankert, dass ich ihn oft gar nicht mehr erkenne. Ich sehe nur die Karikatur, die fleißig für das Einserabi lernt, die sich um Praktika mit Prestige kümmert, die an eine gute Uni geht. Die immer mehr und mehr postet, um immer mehr Geld zu verdienen. Und trotzdem:

> *Starrende Bildschirme leuchten*
> *mich stumm an.*
> *Montagmorgen soll ich schreiben.*
> *Und mir fällt nichts ein.*

Die Luft ist trocken.
Im sterilen Raum im siebten Stock.

Hab mich hochgekämpft
Will wieder runterfallen
An den seichten Ort
wo ich noch Träume hatte.
Alles längst schon fort.
Lieg auf dieser Steineisplatte
Hier in Westberlin.

Und wein allein.

Trotz allem ist da diese endlose, drückende Leere in mir, die nicht aufhört zu stechen. Ich habe früh realisiert, dass das Streben nach Erfolg in Form von Geld und Prestige ein gesellschaftlich induzierter Mechanismus ist, der dafür sorgt, dass unsere Gesellschaft so funktioniert, wie sie es heute tut. Die Werbung, die Medien, die Filme, ja sogar die Kunst suggerieren uns alle ein besseres Leben als das unsere, als Menschen entspricht es unserer Natur, nach etwas Besserem zu streben. Also glauben wir den Mythos von der *upward social mobility* und von der Leistungsgesellschaft, in der jeder es schaffen kann. Wir arbeiten und arbeiten und merken vielleicht mit Mitte vierzig, dass uns ein Haus und ein Abschluss von einer bekannten britischen Universität auch nicht glücklich machen.

Was hat das aber nun mit unserer Beziehung zu Drogen zu tun? Und warum konsumieren wir denn nun wirklich weniger?

Ein Großteil von Generation Z hat einfach keine Zeit für Drogen. Wenn wir nicht gerade am Schreibtisch lernen oder uns auf das Abenteuer »beschleunigter Spätkapitalismus« vorbereiten, dann sind wir im Internet, um uns zu entspannen und uns weiter mit Bestätigung zu befriedigen.

Warum soll ich in einem dunklen Keller Pillen schlucken und Lean schlürfen, wenn ich in meinem Kinderzimmer TikTokstar werden kann und mit 15 schon Tausende von Euro verdienen kann. Wieso soll ich Ecstasy nehmen, wenn zehn Stunden auf Instagram und 10 000 Likes dieselbe Menge an Dopamin ausschütten wie eine Stunde tanzen auf E.

In Deutschland gingen 2006 elf Prozent der 12- bis 19-Jährigen mindestens einmal wöchentlich auf eine Party. 2017 waren es nur noch fünf Prozent.[73] Der Konsum geht zurück. Treffen wir uns also öfter einfach so? Zum Shoppen oder um ins Kino zu gehen?

Allein diese Worte klingen ein bisschen fremd, ein bisschen peinlich. Warum sollte ich da hingehen? Ich kann in weichen Decken liegen, kuschelige Pyjamas tragen, Pizza essen, jemanden ganz fest an mich drücken und jeden erdenklichen Film anschauen. Egal ob es 18 Uhr abends oder drei Uhr morgens ist. Wieso sollte ich auf einem unbequemen, ekligen roten Sessel sitzen und Nackenschmerzen von der übergroßen Leinwand bekommen? Wieso sollte ich in zu laute, zu volle kommerzielle Geschäfte gehen, wenn ich das alles in der S-Bahn auf dem Weg zur Uni erledigen kann? In Zeiten der Pandemie sehnen wir uns genau danach: nach schwitzenden Menschenmassen und billigem Bier in roten Plastikcups. Doch trotzdem hatte das Internet auch schon vor 2020 nicht nur unser Bedürfnis nach Drogenexzessen ersetzt, sondern auch das Bedürfnis nach sozialen Aktivitäten. Die Droge unserer Generation ist das Internet.

Neben Come-down-Depressionen und all den anderen psychischen und gesundheitlichen Risiken gibt es auch ein gesellschaftliches Risiko, das mit hedonistischen Exzessen verbunden ist. Vielleicht hat Papa Ludwig in seiner Jugend öfter mal zu viel geballert und ist nackt über die Dorfstraße gerannt und Mama Annette hat auch früher zu viel gesoffen und lag kotzend in der Ecke.

Aber heute sitzt er in der Anwaltskanzlei und sie im Gymnasialdirektorat und das alles interessiert niemanden, weil auch niemand davon weiß. Aber heute können wir uns keine Fehltritte erlauben, weil immer und überall eine iPhone-Kamera darauf wartet, gezückt zu werden und unsere Rauschblamage zum nächsten Viralhit zu machen. Der Satz »Das Internet vergisst nichts« wurde uns förmlich eingehämmert. Unter meinen freizügigen Posts tummeln sich Kommentare wie: »Kein Arbeitgeber wird sie später ernst nehmen, wenn sie sich so präsentiert.« Abgesehen davon, dass ich gern darauf verzichte, bei einem Unternehmen zu arbeiten, das von sexistischen Strukturen durchzogen ist, sehe ich persönlich es nicht ein, meine Freiheit aufgrund von angeblichen Karrierechancen einzuschränken. Aber hier bin ich auch untypisch für meine Generation. Vor allem auch, weil das eher ein Privileg als eine Entscheidung ist. Für viele andere Jugendliche ist diese Freigeisteinstellung einfach keine Option. Sie sorgen sich darum, wie ihr jetziges Verhalten ihre Karriere beeinflussen könnte.

Die Zukunftsforscherin Rhiannon McGregor meint: Gen-Z-ler »wissen schon früh, wie sie online und offline dargestellt werden, und geben sich daher konservativer«.[74]

Ein weiterer Grund für den rückläufigen Konsum ist auch das höhere Gesundheitsbewusstsein in unserer Generation. Vor allem junge Frauen werden heute, mehr als je zuvor, unter Druck gesetzt, den Schönheitsidealen zu entsprechen. Die sozialen Medien sind überschwemmt mit Fitness- und Lifestyle-Content, Home-Workouts, Abnehmshakes und ungezählten scheinbar perfekten Körpern. Viele Influencer:innen propagieren einen übertrieben produktiven und gesunden Lifestyle. Und diesen eifern wir nach. Zahlreiche Social-Media-Kreator:innen reden offen über ein Leben ohne Alkohol, Drogen und Rauchen. Anstatt solcher profanen Aktivitäten gehen sie lieber zum Hot Yoga, zur Mind-Meditation und in die Juice Bar. *So woke*. Sie dann an einer Zigarette ziehend, Cocktail trinkend in einem Loft in Westberlin zu treffen, ist eine andere Geschichte.

Eine Generation, die mehr Sport macht, härter arbeitet und keine Drogen nimmt – das klingt nach der Utopie, die sich alle Eltern wünschen. Doch auch dieses Bild trügt, denn die von außen wahrgenommene Perfektion hat ihren Preis. Wir sind so einsam wie noch nie. Die toxische Kombination aus der immer fordernderen Arbeitswelt und der immer größer werdenden Social-Media-Sucht führt zu einer tiefen Einsamkeit. Und auch diese ist gefährlich. Untersuchungen haben ergeben, dass Einsamkeit den gleichen Einfluss auf die Sterblichkeit hat wie das Rauchen von 15 Zigaretten pro Tag, statistisch gesehen macht das Einsamkeit noch gefährlicher als Übergewicht und Fettleibigkeit.[75] Der Psychiater Manfred Spitz betreibt Hirnforschung in diesem Bereich, seine Studien zeigen: »Chronisch einsame Menschen werden eher depressiv, entwickeln eher Erkrankungen des Herz-Kreislauf-Systems und sterben sogar früher im Vergleich zu nicht einsamen Menschen.«[76]

Wir haben ein unglaublich ausgeprägtes Bewusstsein darüber, dass wir gesund essen und Sport treiben müssen, um lange zu leben. Millionen von Euro fließen in die Werbekampagnen von Proteinpulver und Fitnessmitgliedschaften. Aber niemand redet darüber, dass Einsamkeit noch tödlicher ist. Denn menschliche Nähe lässt sich nicht verkaufen.

Die amerikanische Essayistin Jia Tolentino schreibt im Kapitel »Ecstasy« ihres Buches »Trick Mirror« über die Schnittstelle von Drogen und institutioneller Religion. Sie beschreibt den Prozess der Loslösung nach einer Jugend in einer strengen Kirchengemeinde und erkennt: »Die Kirche fühlte sich nie viel tugendhafter an, als Drogen zu nehmen, und Drogen fühlten sich nie viel mehr nach Sünde an, als in die Kirche zu gehen.« Und weiter: »Wie viele Leute vor mir fand ich Religion und Drogen aus ähnlichen Gründen attraktiv. Beide bieten einen Weg zur Transzendenz, einen Weg zu einer außermenschlichen Welt der Entrückung und Vergebung.«[77] Ich denke an meine Auseinandersetzungen mit dem, was ich Zwischenwelt nenne, meine Interpretation und Erfahrung von Transzendenz.

Im Frühling lerne ich einen Jungen an der Bushaltestelle vor meiner Wohnung kennen. Seine Gesichtszüge sind klar und kantig und in seinem Gesichtsausdruck liegt etwas Kaltes, Eigenartiges.

Sein Körper ist voller dunkler, morbider Tattoos. Ein Stacheldraht, eine erdolchte Gottesmutter, eine traurige Frau, in deren Haaren »Sünde« steht. Ich spreche ihn an.

Drei Tage später sitzen wir auf einer Fensterbank in Westberlin. Nervös kippe ich Wein in ein Glas und biete ihm eins an. Er lehnt ab. Er hat seit vielen Monaten aufgehört zu trinken, zu rauchen, zu koksen. Alles, von einem Tag auf den anderen. Ich weiß nicht so ganz, was ich sagen soll, und trinke einen Schluck Wein. Ich spüre, wie die ersten Bilder, die ich von unserer Zukunft hatte, schwinden. Ich wollte Ablenkung, emotionslosen Sex, betrunken durch die Stadt rennen und irgendetwas Neues erleben. Ich bin ein wenig schockiert darüber, dass er durch seine Abstinenz so uninteressant geworden ist. Aber es ist mir auch egal. Ich schulde ihm nichts.

Einen Monat später ist aus der kleinen Ablenkung mein Freund geworden. Ich bin oft abwesend und traurig. Wir sitzen in einem asiatischen Restaurant. Es ist viel zu heiß und ich versuche, die Tränen hinter meinen Augen festzuhalten. Er weiß nicht, was er mit mir anfangen soll, warum ich immer so irrational emotional bin. Er wird wütend. Eine Träne läuft hinunter und ich setze meine Sonnenbrille auf.

»Ich verstehe nicht, warum du nicht einfach aufhörst zu kiffen. Es würde dir viel besser gehen.«

Mir stockt der Atem. Ich bin also selbst schuld daran. Schuld daran, dass mein größter Traum zerplatzt ist, dass ich das Leben, das ich mir so lange ersehnt habe, einfach verlassen musste. Schuld daran, dass mich Menschen, die ich liebe, immer wieder mir nichts, dir nichts verlassen und so tun, als hätte ich nie existiert.

Mir ist bewusst, dass der nächtliche Joint meine psychische Gesundheit nicht fördert, aber ich glaube auch nicht, dass er der Auslöser für meinen Geisteszustand ist. Ich bin wütend, dass er in seiner nüchternen Weltsicht nicht versteht, dass ich glaube, das High zu brauchen, um irgendwie klarzukommen.

Doch das tue ich nicht.

Ich bin wieder in München bei meinen besten Freundinnen. Wir spielen Bier Pong im Garten und hören Deutschrap. Er ruft an und ich setze mich an eine Bank am Seeufer. Meine Stimme lallt ein bisschen und ich spüre seine Distanz. Er verurteilt mich wieder. Wir diskutieren über Alkohol und Drogen.

»Du bist nicht mein Dad, lass mich einfach in Ruhe.«

Ich bin verletzt und lege auf. Unter dem Vorwand, ein besserer Mensch zu werden, versucht er, mir seine Weltsicht aufzuzwingen. Ich weine und meine beste Freundin hört mir zu. Irgendwann ist mir alles egal. Ich trinke mehr und vergesse ihn. Ein Freund will einen bauen, aber wir haben kein Weed. Ich gebe ihm fünfzig Euro und er kommt mit einem Baggie zurück. Wir sitzen an der Hauswand und drei Joints werden rumgereicht. Ich rauche und spüre, wie mein Körper in sich zusammenfällt.

Mir ist schwindelig und ich muss mich hinlegen. Meine Freundin und ich kommen nicht mehr klar. Irgendwie schleppen wir uns ins Bett. Alles dreht sich und pocht. In mir schreie ich, ich möchte doch nur, dass es aufhört.

Meine andere Freundin kommt und stellt vorsichtshalber eine große Schüssel neben mich. Stumm greife ich danach und übergebe mich.

Am nächsten Morgen treffe ich eine Entscheidung. Ich werde aufhören.

Viel Selbstreflexion und ein paar Monate später bin ich zufrieden mit der Entscheidung. Ich bin dankbar, dass mir mein Exfreund geholfen hat, meinen Konsum aus einem anderen Blickwinkel zu betrachten. Ich wollte vielleicht nicht verstehen, dass auch das nur ein Mechanismus war, um die Leere in mir zu ersticken.

EINGEKAPSELT IN MUSIK

Ich lag hier. Behütet von dünnen Decken und fernen Liebeserklärungen.

Im Dunkeln wollte ich einschlafen zu den Liedern dieser Nacht. Ich dachte an alles, was ich dir sagen wollte. Und nicht konnte. Mir wurde klar, dass all diese Melodien und Texte und Lieder, die uns so sehr verbanden, viel mehr waren, als wir dachten. Ich sah dich. In dem dunklen Zimmer über dem Fluss am Rand der Welt. Ich sah, wie du da lagst, in Blaubraun gehüllt, wie du diese Lieder hörtest. Und kaum etwas verstanden hast. Nur den Beat, die Melodie und die verzerrten Namen europäischer Modeschöpfer. Ich sah dich, wie du nur die Energie wahrgenommen hast, aber nicht meine Essenz. Weil ich wie eine andere Sprache bin. Die du noch nicht sprichst.

Den ganzen Tag hatte ich mit all diesen Menschen gesprochen. Doch ich wollte nur deine Stimme hören. Sehen, wie dein kantig gezeichnetes Gesicht rund wurde, wenn du dich zusammenrolltest zwischen pfirsichfarbenem Rauch, schwarzen Spitzenbustiers, fliegenden Ringen und der endenden, endlosen Stadt. Der Stadt meiner Träume.

Seitdem ich im Flugzeug aufgewacht bin und die trocken grünen Flächen meiner Heimat sah, sprang ich von Ablenkung zu Ablenkung. Immer mit Menschen, immer mit irgendjemandem. Vielleicht habe ich die ganze letzte Zeit getrunken, gekifft, leere Videos angeschaut, frustrierende Bücher gelesen, mit Leuten geredet, um mir nicht selbst begegnen zu müssen. Um den Schmerz nicht zu fühlen, den dein Kuss im Fenster des gelben Taxis hinterlassen hat. Um nicht an dem Gedanken an den letzten Blick zu zerbrechen. An die letzte nackte Zigarette im schmalen Raum im zwölften Stock. Oder an das letzte Mal, als wir lachend unter den Lichtern standen.

Ist es nicht grauenvoll, dass ich mich nicht mehr an dein Lachen erinnern kann? Dass ich nicht weiß, ob es scheppernd und hysterisch war oder trocken-dunkel? Ob du oft gelacht hast oder ich nervös gekichert habe? Die Töne, die Oktaven sind so fern von mir.

Weil all die Momente bereits ein verschwommener Nebelfaden sind. Und ich nicht weiß, was echt war und was nicht. Oder wann und wie und warum ich jetzt im Staubgrün sitze und an dich und an die gestohlene Zeit denke.

Die Zeit, die selten herunterfällt. Vielleicht, weil wir es nicht verdienen. Oder gar nicht kennenlernen sollten.

Weil das, was zwischendenworten liegt, aus den Wolken kommt. Aus dem anderen Ende der Zwischenwelt. Aber weißt du, was? Selten hat mich jemand so nah an den Ausgang gebracht.

Immer wieder trete ich ein. In den hell erleuchteten Raum. Doch ich bleibe am Boden und blicke nach oben. Hin zu dieser weißen Tür. Und denke, ich werde niemals rankommen, niemals dort sein. Weil ich ich bin.

Aber auf einmal liege ich auf dir und ich kann den Knopf berühren.

Bitte, mein Blitz. Versprich mir, dass du wiederkommst. Wie in dieser Gewitternacht.

Jetzt gibt es nur noch eine Playlist, zwischen ganz vielen Daten, Bildern und Liedern. Es ist die mit der Mayonnaise und den Glitzermützen. Unter meinem Bett in einer Schublade liegt sie noch und funkelt schwach. Du hast seit sechs Monaten nicht mit mir gesprochen. Und das ist okay. Ich habe ein neues Leben jetzt. Vielleicht habe ich mich verändert. Ich musste irgendwie erwachsen werden.

Weißt du, du schickst mir diese Nachricht aus dem Nichts. Du trägst noch meinen Ring und hörst noch diese Lieder. Automatisch, ohne es zu realisieren, rolle ich mich ein in deine Decke, meine Decke. Ich weiß es nicht. Es gibt nicht mehr viel zu sagen über das zu weiche Bett mit zu vielen Decken aus dem zwölften Stock. Weißt du, es hat zu lange gedauert, mich an meine Zimmernummer zu erinnern. 1203. Vielleicht ist sie das nicht einmal. Es ist nur eine Nummer, die in meinem Kopf erscheint, wie 320, die etwas schief an deiner Tür in dem Flur mit den David-Bowie-Plakaten hing.

Hier ist also diese Decke, die er nicht anfassen durfte, als wir uns kennenlernten. Er fragte mich: Was ist los mit der Decke? Was ist los mit den Liedern? Was ist los mit der Mütze?

Ich habe nichts gesagt, ich war leise.

Da ist also die Decke, die ich um meinen Körper gewickelt habe, als ich zitternd im Flugzeug saß. Da ist die Glitzermütze, die du an dem Tag getragen hast, an dem wir uns im dritten Stock kennengelernt haben und an dem wir später komplett betrunken bei Lola's und dem Diner waren, wo ich am nächsten Morgen anrufen musste, weil ich dachte, ich hätte dort etwas verloren. Etwas Wichtiges wie meinen Geldbeutel oder meinen schwarzen

Ledermantel. Siehst du, das weiß ich nicht mal mehr. Es ist auch nicht wichtig. Dann ist da dieser teure Hoodie, den ich in Tribeca gekauft habe, um dich zu beeindrucken, obwohl mich Geld nie wirklich interessiert hat. Da sind diese zwei leeren Watermelon-Ice-Puff-Bars in meiner Schublade. Ich habe jede Art von Nikotin ausprobiert, aber nichts schmeckt nach dir. Und das Feuerzeug, das wir in Brooklyn gekauft haben an dem Tag, an dem alles begann zu zerbrechen. Es ist wie ein halbtotes Wesen von dem Tag, an dem wir so high in einem Touri-Pizzaladen waren, dass es uns ganz unangenehm war. Der Tag, an dem wir von einem japanischen Streetstyle-Fotografen in Soho auf dem Zebrastreifen fotografiert wurden, und der Abend, an dem uns Apple-Mitarbeiter in der Grand Central Station sagten, wir sähen aus wie Celebrities, die sich vor der Öffentlichkeit verstecken. Ich habe angefangen, diese Lieder zu hören, wenn ich Lavendel in meinen grünen Tee mische, und ich habe an dich gedacht.

Aber jetzt denke ich an jemand anderen, wenn ich den süßlichen Geruch rieche. Ich denke an jemanden, der niedlich, liebevoll und manchmal ein bisschen aggressiv ist. Seine künstlerische Tiefe ist nicht wie deine. Er ist kein Mysterium wie du. Aber mein Leben hat sich verändert und ich mich auch.

Die Gegenstände verstauben und verlieren ihren Wert. Übrig bleiben nur die Lieder, die einmal uns gehört haben. Aber jetzt gehören sie wieder nur mir. Wenn ich Musik höre und die Außenwelt verstummen lasse, mit Kopfhörern zwischen den hohen Decken meines Zimmers und über den roten Lautsprecher in meinem alten Auto, dann bin da nur ich und die Musik. Oft kenne ich das Gesicht des Künstlers nicht, habe niemanden vor meinen

Augen. Da sind nur diese Töne und die Kuppel aus Gefühlen, die sie kreieren. Wenn ich Musik höre, entsteht ein Austausch mit ihr. Ich spreche nicht mit ihr, aber sie lässt mich Gedanken formulieren, um mich zu erkennen. Ich sehe Wellen und abstrakte Formen und lasse mich von ihr treiben. Manchmal habe ich das Gefühl, ich bin der Musik näher als meinen Mitmenschen.

Wenn ich an die großen Momente der Musik in meinem Leben denke, dann gibt es zum einen die offensichtlichen. Die großen Festivals, mit zu vielen Menschen und zu teurem Alkohol, die Schulnächte in blau funkelnden Clubs, wenn ich zu den Liedern meiner späten Kindheit tanze. Da sind die verballerten Technopartys in Bunkerstädten oder die Konzerte, auf denen man verschwitzt an Joints von Fremden zieht und kreischend hoch zur Bühne blickt. Das ist der eine Teil von Musik. Der irgendwie schon immer so war, seitdem die amerikanischen Doppelgänger unserer Omas und Opas in Woodstock waren.

Doch dann gibt es auch die ganz kleinen Momente, die viel wichtiger und wertvoller erscheinen. Wie der Tag, an dem draußen Schneestürme wehten, während ich in der Badewanne immer kleiner wurde. Ich war gerade 12 Jahre alt und Lana Del Rey fragte mich: »Wirst du mich immer noch lieben, wenn ich nicht mehr jung und schön bin?«, als ich zusammenbrach. Mit Wimperntusche und Salz bedeckt, saß ich nackt da wie ein Engel. Ich versank in Nostalgie nach einer fernen Zukunft und in Gedanken daran, was es bedeutet, jung zu sein, geprägt durch die schimmernden Filme, die romantisierten Musikvideos und endlos dunklen Lieder, die ich hörte. Ich erinnere mich an die billigen Rosenduftkerzen und wie ich durch den Hall des Wassers und die

Wände der Wanne meine Eltern im ersten Stock sprechen hörte. Ich spürte die Distanz zwischen uns, die die Kuppel aus Musik geschaffen hatte.

Im Schatten der Retrofestivals und Popmusicpartys haben sich neue Bezugsformen zur Musik entwickelt. Musikalische Sphären als Reflexionskapseln, als Eigenheim. Musik ist unsere abgespaltene Welt. Mit 13 sitzen wir mit Kopfhörern in der Bahn, im Familienvan und in der Schule. Unsere Wahrnehmung wird verzerrt, sie wird getränkt in bunte, sanfte Farben, melancholische Sehnsucht oder aggressive Stärke. Wir kontrollieren sie, wir werden kontrolliert: von großen Algorithmen, die bestimmen und analysieren, wer wir sind und was wir wollen. Wir orientieren uns nicht mehr an einer fern scheinenden Industrie, die Vorbilder im Glitzeroutfit am Fließband produziert, sondern an dem, was uns unter übergezogenen Bettdecken vorgeschlagen wird. Wir haben keinen Bock mehr auf Kategorien, auf Boxen, in denen wir uns gefangen fühlen.

Früher war Musik meistens ein Gemeinschafterlebnis, MTV schauend, Radio hörend, alle gemeinsam, alle zur gleichen Zeit. Früher gab es Genres, die einer Identität entsprachen. Punk, Rock 'n' Roll, Hip-Hop. Sie existieren für uns nur noch in Spotify-Playlisttiteln und als Teil einer Subkultur. »Die Idee, dass Geschlecht und Sexualität fließend sind – wenn sie nicht von allen akzeptiert werden –, ist fest in den öffentlichen Diskurs eingetreten. Aber gerade als wir uns von den traditionellen Grenzen des Geschlechts entfernen, reißt Gen Z auch musikalische Grenzen ab und umfasst stattdessen Klänge, die fließend und schwer zu kategorisieren sind. Da 74 % der 13- bis 18-Jährigen uns mitteilen, dass ihr Musikgeschmack nicht in ein bestimmtes Genre der Kategorie fällt, können wir davon ausgehen, dass diese Generation weiterhin nach diesen genrebiegenden Klängen sucht – und das Gefühl hat, dass diese Musik repräsentiert, wer sie sind.«[78]

Unsere Tendenz ist genderlos und genrelos. Wenn wir jemanden kennenlernen und fragen: *Was hörst du so für Musik?*, werden die wenigsten ein klares Genre nennen. Wir sagen dann *Ein bisschen von allem* und erzählen uns von Interpreten, von Sounds und einem Netz aus Musikrichtungen, die früher in dieser Kombination vielleicht keinen Sinn gemacht haben. Irgendwie ist das schön, dass wir uns alle aus der endlosen Masse an Liedern den seltsamen Soundtrack unseres Lebens schaffen. Manchmal vermisse ich aber diese allgemeingültigere Musikkultur, die ich zwar nicht kenne, nie erlebt habe, die es vielleicht auch nie gab, die ich mir aber trotzdem immer wieder wünsche. Ich mag wie die meisten Gen-Z-ler sehr viele verschiedene Richtungen, sodass ich nie jemanden treffen werde, der alle auch in derselben Kombination feiert wie ich. Mit den Jungs von zu Hause kann ich Cloud-Rap hören, ein bisschen auf dem Dach kiffen und mit dem Range Rover von Papa über die leeren Felder driften. Mit meinen Freundinnen aus der Uni kann ich Lana Del Rey hören und Gedichte lesen. Mit meinen afrodeutschen besten Freundinnen kann ich zu Dancehall meine Hüften durch die Gegend schmeißen und so tun, als wären meine Latino-Gene richtig gut durchgekommen.

Als ich in meine neue Wohnung ziehe, traue ich mich nicht, die Mischmaschplaylist anzumachen, in der auch Hip-Hop und spanischer Reggaeton drin sind, weil ich merke, dass meine Mitbewohnerinnen das nicht so feiern. Mein Exfreund stöpselt immer die Musik aus, wenn die Wiedergabeliste ganz natürlich von Rap zu Gay-Indie-Musik wechselt.

Es entstehen Verbindungen zu den Menschen, die einen Künstler, eine Künstlerin oder ein Genre so lieben wie ich. Doch wenn ich meinen Geburtstag feiere, dann kann ich nicht einfach die Lieder abspielen, die ich alle liebe, weil sonst die Stimmung im Keller wäre und zu jedem Song jemand anders aufstehen würde und andere sich wieder hinsetzen. Vielleicht war das schon immer so, vielleicht liegt das nur an mir ...

Popidole lagen früher alle paar Monate in Form eines Zeitschriftencovers auf dem Küchentisch, heute sehen wir ihnen beim Frühstücken zu. Es ist wie mit allem anderen auch. Wir führen eine neue Art der Beziehung zu unseren Vorbildern. Und auch zum Berühmtsein an sich. Jede:r kann heute Sänger:in werden. Wir brauchen keine Castingcalls im Fernsehen oder Verträge bei großen Plattenfirmen. Nur ein bisschen Glück, Talent, ein Mikro von Amazon und einen SoundCloud- oder TikTok-Account. Mit einem Smartphone in der Hand hast du wahrscheinlich größere Chancen, Musiker:in zu werden als auf der Bühne bei *The Voice*. Internationale wie auch deutsche Musikgrößen unserer Zeit und Generation wie Billie Eilish, Justin Bieber, Halsey oder in Deutschland die Rap-Szene sind selbst durch Plattformen wie SoundCloud bekannt geworden. Heute führt Berühmtheit in keinem Moment an Social Media vorbei.

Doch was bedeutet das für uns, wenn wir theoretisch alle Tools besitzen, um es selbst zu schaffen? Wir können jeder werden und bleiben niemand. Von überall kommen Leute und sagen dir, heute hast du alle Möglichkeiten, mach was draus. Und du

sitzt so da und denkst dir, sind alle Möglichkeiten nicht schlicht-
weg zu viele?

Ich saß auf dem grauen Teppichboden in einer Ecke des Centre
Pompidou in Paris. Über mir schwirrte die Installation »Thicket«
von Maya Dunietz, gebaut aus Tausenden vernetzten Stöpsel-
kopfhörern. Das Netz, das einem riesigen hängenden Spiegelei
glich, warf dünne Schatten auf den Boden. Mit meinen Fingern
fuhr ich dort die Verstrickungen entlang. Ich dachte an meine
Gedichte, in denen ich verzweifelte an dem, was sich so anfühlte
wie die Verstrickungen meines Lebens. Ich fühlte mich von diesem Netz aus summenden Kopfhörern verstanden. Wenn die
Musik um mich rum den Raum benutzt und sich in die Dimensi-
onen ausdehnt, von Ohr zu Ohr tanzt, dann meine ich, aus dem
Leben auszutreten. Nur ganz kurz, so wie immer.

An den kleinen runden knubbeligen Enden sah ich Menschen
hängen. Alle waren identisch. Weiß mit grauen Metallnetzen
und langen Kabeln. Alle waren sie verbunden, vernetzt, gefangen. Jeder Einzelne war Insasse und Gefängnis zugleich, Teil des
Netzes und doch allein. Die Verstrickungen waren so komplex,
dass mir schwindlig wurde. Vor mir war das Leben selbst. Die moderne Technik hatte uns alles geraubt und wir waren nur noch
ein formloses, leeres Gestrick.

Kopfhörer bedeuteten viel für mich, vielleicht sogar alles. Ich
träume oft davon, in anderen Zeiten zu leben, aber ich glaube,
es wäre unerträglich gewesen ohne diese einfache Möglichkeit der Flucht aus der Welt. Hinein in etwas, das nur dir gehört, das nur du kennst. Eine Welt, die dich fortbringt. In der du

dich selbst fortbringst. Doch hier sah ich auch das Spiel, das die Künstlerin mit uns spielte. Wir waren alle in diesem Raum, umgeben vom Schall, der durch tausend Gegenstände floss. Und wir waren gemeinsam in diesem einen Paar Kopfhörer. Vielleicht wollte sie nicht, dass wir uns einsam in sie hineinflüchteten, vielleicht sollten wir gemeinsam den Tönen lauschen. Aber das wollte ich nicht.

Die Menschen hier gingen ein und aus, lachten, machten Fotos. Sie schienen das Kunstwerk nicht zu verstehen. Ihr Umgang mit der Kunst erinnerte mich an eine Tragikomödie. Verzerrt, grässlich wie ein Stück von Dürrenmatt. Sie rannten hinaus, um den nächsten Picasso und Kandinsky abzuknipsen. Und rannten weiter ins Nichts. Es machte mich traurig.

Ich weiß nicht, warum Musik für mich etwas so Intimes ist, etwas, das fast nur mir gehört in meinem Kopf. Ich weiß auch nicht, ob das richtig oder falsch ist oder ob das überhaupt eine Rolle spielt. Ich weiß nur, dass ich glaube, dass wir alle zurückgezogener sind in unserer Beziehung zur Musik.

Niemand kann die gemeinschaftliche Komponente von Musik leugnen, doch ich bin überzeugt davon, dass die Mischung aus Kopfhörern, personalisierten Algorithmen und der Demokratisierung des Musikgeschäfts ihre Wirkung auf Gen Z hinterlassen hat. Musik bleibt eine der emotionalsten und wichtigsten Kunstformen der Menschen. Sie lässt uns glückliche Momente noch freudiger erscheinen oder traurige Momente vertiefen. Sie kann Emotionen umdrehen und uns helfen, uns und die Menschen um uns herum zu erkennen. Musik bleibt eine Triebkraft in uns allen.

Das Lied, das gespielt wurde, war leise. Überzogen von flüstern-
den Stimmen und Schritten über den Holzboden. Es war ein
Indie-Song, der mich an einem anderen Tag gleichzeitig nostal-
gisch und glücklich gemacht hätte. Er hätte wahrscheinlich eine
Art frenetischen Antrieb für das Schreiben von Gedichten oder
abstrakter Prosa bedeutet. Aber heute hat dieses Lied einen
Brunnen der Melancholie und Angst geöffnet. Ich schaute immer
wieder aus dem Fenster und starrte nur hindurch. Es herrschte
Stille, das war nicht besonders unangenehm, aber auch nicht be-
ruhigend.

Du hast etwas gespürt und mich gefragt.

Könnten wir unsere Probleme nicht öffentlich machen?

Ich nickte verständnisvoll.

Ich sah mich, sehr klein und winzig, vor einem großen Eisen-
damm stehen. Dahinter war das, was ich für den Brunnen hielt.
Aber bei näherer Betrachtung hatte ich gesehen, was es wirklich
war – ein riesiger See mit krachendem und drückendem Wasser.
Die Massen drückten weiter und übten ihre Kraft auf die Wand
aus. Ich sah winzige Risse und Löcher. Ich sah, wie er bald bre-
chen und mich wegspülen würde.

Du streckst deinen Arm über den Couchtisch und signalisierst
mit deiner Hand eine vertraute Einladung. Ich zögere, aber ich
nehme es an, weil es das Einzige ist, was ich noch kenne.

Ich frage dich: Was sind unsere Probleme?

Ich weiß es nicht.

Ich schaue auf das polierte Edelholz und sehe, wie die Lichtre-
flexionen auf den klaren Streifen in sich auflösende Sterne über-

gehen. Ich spüre nicht nur, wie sich das Wasser hinter meinen Augen aufbaut, ich sehe es. Du fragst mich leise, liebevoll und ein bisschen besorgt:

Was ist los?

Ich murmle in mich hinein: Ich weiß es nicht.

Ich sehe dich an und es ist ein langer und tiefer Blick. Vielleicht ist es der gruseligste Blick, den ich je gesehen habe, weil ich ganz direkt spüre, wie die Distanz zwischen uns wächst. Jede Sekunde, in der ich mich in deinen blauen Augen verliere, ist wie ein Schritt von dir weg. Alles ist so körperlich. Ich greife nach meinem warmen Becher, aber das Gefühl fliegt zu schnell weg. Ich sehe die Traurigkeit in deinen Augen und ich fühle, wie du es verstanden hast.

Geht es uns gut?

Ich weiß es nicht.

Ich fühle das Zerbrechen. Du sagst, du wirst bald gehen, und ich nicke. Aber du bleibst immer noch, vielleicht stelle ich mir nur vor, dass du verstehen kannst, was in mir vorgeht. Ich habe Angst, dass du denkst, ich würde wieder überreagieren, wie ich es immer tue. Also sage ich es dir. Wir werden okay sein.

Du stehst auf und beugst dich runter, um meine Wange zu küssen. Ich sitze da, umarme deine Taille und konzentriere mich auf die Melodie, die nur uns zu gehören scheint. Ich möchte heftig weinen, schreien und in deine schwarze Jacke schluchzen. Aber ich mache es nicht. Das hat keinen Zweck.

Du senkst dein Gesicht und wir küssen uns. Es ist ein sanfter und süßer Kuss. Nur wenige Dinge haben sich so sehr wie ein Abschied angefühlt.

Goodbye

she said she never liked you,
but I really did, I do.

I think about blue turquoise
water hitting my face, about
the beaming sun, about how
I crawled on to you
in to you, diving through the
water, that seemed to flow
forever

when I think about the ocean
I think about the promise it
gave me,
about a world and a future in
which we made sense.

I think about the summer
time,
about your hand gliding into
mine
I think about restaurants and
your distance in them.

I think about you and your
underwater camera and how
you smiled when you took all
those pictures in ridiculously
good quality.

I think about standing at the
airport, with a heartbeat
close to a cardiac arrest,
I think about running up to
you
touching you and feeling like
this is it,
like this is how it all starts
and ends.

It's you, it's always been you,
the one who knows me so
well, the one I let into my
mind.
I think about you running
through the jungle with her
and me smiling because it
makes me happy to see you
happy with someone who is a
bit less like me

*I think about disgustingly
oily burgers in my old room.
About cocaine dreams and
a crashing hope for a better
kind of you and me.*

*I think about our darkness,
our coolness when we
entered a room. The kind of
magnifying presence you see
in glossy magazines and dark
old movie frames.*

*I think about how my
room was lit in red, when I
whispered through the walls
that I had built for months,
that I loved you.
That I fucking loved you, like
never and no one before you.*

*I think about the dolphins
that looked a bit sad, but
us that looked happy, even
though you were so tired and
your mind far away.*

*I think about the giggles, the
shy distance when you picked
me up from the hair dresser
and told me I looked good
even though we both knew I
looked atrocious and sad.
I think about us, under those
lights under the city. And
quiet frankly I think about
how the city has no meaning
without you.*

*Every place every step was
something I didn't know
before. Berlin to me is you.
Berlin to you is just home.
A place full of lovers, full of
memories.*

*But for me it's your city,
you're my only Berlin lover,
my only memory. The only
person I have lost.*

*Remember that day we
glided up in that elevator.
Softly rising above the city
you seem to own.*

It was all about pretending,
to be rich and famous and
somehow relevant in this
empty world.

To be honest I think it's that,
you and me, we have that
emptiness inside of us,
a hollowness concealed
with beauty, status and fake
success.
I fell in love with you because
I thought you were the first
person to understand what
it's like to have the whole
world praising you while you
hate yourself.

Maybe I was the drug to
replace your withdrawals
something to bring you so
high, but make the crashing
so low, so painful.

I want to hold you firm, to
cry on your shoulder, to hold
your childlike face when we
watch heroes save galaxies
that don't exist.

I want to be there, in every
fucking second you're happy
and soft and you.
I want to be there, be the one
person you tell your fears,
the person you tell about
that fucking scary and never
ending emptiness.

I don't know how it felt for
you,
but it was always gone,
puffed and washed away
when I was floating with you.

ZUM GLÜCK HAT DAS LEBEN KEINEN SINN

Ich saß lesend vor dem Centre Pompidou und wartete auf Menschen, die ich nicht kannte und nicht mochte. Ich hatte mich zum oberflächlichen Kennenlernen gezwungen gefühlt. Meine Kopfhörer umhüllten mich, bis ich aus meiner Welt gerissen wurde.

Sie hatte dunkelbraune Augen und aufgebauschtes Haar. Sie fragte mich, ob ich Französisch spreche. Sie entschuldigte sich und ihre Nervosität berührte mich. Wir begannen uns auf Französisch zu unterhalten – ich wusste sofort, warum sie mit mir sprach.

»Du bist süß.«

Ihre Einladung, etwas trinken zu gehen, nahm ich an.

Ich gab ihr meine Nummer und sie verschwand zwischen den grotesk aufgeblasenen Tauben und den runden Touristen. Die anderen kamen und den ganzen Abend wollte ich nur gehen. Ich sehnte mich nach meiner Einsamkeit und nahm kaum an den Gesprächen teil.

Eigentlich war ich sehr interessiert, doch die Kombination aus dem gedämpften Licht des dunklen Saals und der nicht endende Monolog der Professorin ließen mich schläfrig werden. Ich wollte endlich raus. Vielleicht war das Literaturstudium doch nichts für mich. Ich brannte für die kreischenden Worte, die zerflossen, zerfielen und die Welt, wie ich sie kannte, in Asche verwandelten. Ich liebte pathetische Dramen, ambivalente Helden, die am Abgrund der Existenz kratzen, und die unfassbare Transzendenz, die sich für mich in der vollkommenen Lyrik offenbarte.

Ich wollte diskutieren, fühlen und erleben.

Nicht stumm in einem Raum sitzen und den sanften Niesel auf mein Gesicht plätschern lassen.

Ich verließ das Gebäude der Sorbonne und lief durch das Quartier Latin. Einige Tage zuvor hatte ich hier einen Buchladen gefunden. Er war genau so, wie ich mir Paris erträumt hatte. Schwere, alte Steinmauern umhüllten ein Schloss der Worte. Man trat ein und war umgeben vom Geruch des alten Papiers wie im Zimmer meiner Großmutter. Bis zur Decke war alles voller Bücher. Viele hatten schon endlose Jahre in anderen Regalen der Stadt verbracht und waren nun hier. Ich zwängte mich durch die enge Empore voller gelblich-delikater Seiten und fiel immer tiefer hinein.

Ich ging weiter, las, während ich lief, und setzte mich im Park des Louvre hin. Da lag ich, auf einer Parkbank, deren Farbe abblätterte, unter den geschorenen runden Kronen der Tuilerien. Die Musik floss durch meinen Körper und die sanften Windstöße wurden eins mit den ineinandergleitenden Melodien. Der leuchtende Himmel war weiß betupft und die hellen Strahlen kämpften sich ihren Weg durch die von den Abgasen mattierten Blätter.

Ich dachte an das französische Mädchen mit den kullernden Augen, das mir die Lieder gezeigt hatte, die mich überfluteten.

Ihre Playlist hieß *Angst*, sie sprach kein Wort Deutsch, und doch verstand ich, warum sie dieses ihr fremde Wort benutzte, um die Musik zu beschreiben.

Sie hatte mich angesprochen, als ich auf der schrägen Rampe vor dem überfüllten Centre Pompidou saß. Mein Herz pochte, doch es war nicht sie, die mich so erfüllte. Es war das Gefühl, von einer kristallinen Kuppel umgeben zu sein und endlich zu verstehen, was meine Existenz war. Der ruhige Wahn benebelte mich mit Antworten, die ich nicht zum Ausdruck bringen konnte. Ich wusste, dass hier und jetzt etwas passiert war mit mir, dass das drückende Sonnenlicht, das den Louvre und den Grand Palais durchtränkte, die leeren Menschenhüllen, die sich, in Gespräche vertieft, an den stickigen Metrostationen langsam in warme Wesen verwandelten, und die heilende Einsamkeit mich verändert hatten.

So begann ich, ein Spiel zu lieben, dessen Spielzeug ich selbst war. Wie ein Jo-Jo wurde ich hin und her geworfen zwischen den intensiven leidenschaftlichen Nächten mit den Fremden und meiner geliebten Solitude. Damals wollte ich alles oder nichts. Erst kapselte ich mich ab von meiner Menschlichkeit und dann verfiel ich in ein von der Liebe umfangenes Abenteuer aus Gesprächen, Begegnungen und Berührungen.

Ich verstand die Liebe nicht, die auf den Leinwänden auf und ab tanzte oder in den Büchern die Zeilen füllte. Ich liebte niemanden in Abhängigkeit. Ich war verliebt in das Leben selbst. Verliebt in das Mädchen, das lesend an der Ampel vor der Opéra Garnier stand, verliebt in den alten Mann, der in Montmartre in die Leere der Stadt starrte, und verliebt in die nackten, nie endenden Nächte in den weißen hochgewölbten Zimmern von Paris.

Das Leben würde weitergehen, dachte ich, nichts bleibt stehen. Und trotzdem berauschte mich die Idee von Zeitlosigkeit. Ich glaubte, in diesen Sekunden eine unendliche Vollkommenheit zu spüren.

Im Paris der 1950er-Jahre stellte sich der Philosoph und Schriftsteller Jean-Paul Sartre die bedrückenden Fragen, die mich schon so lang begleiteten. Zwischen dem Chaos der Nachkriegsjahre und lauter Jazzmusik in Bars im Viertel St.-Germain-des-Prés entwickelte er eine neue Herangehensweise an das Leben: den Existenzialismus.

Seit einiger Zeit prägten seine Theaterstücke, Romane und Essays meine Gedanken als freie, junge Erwachsene. Ich war nach Paris gekommen, um die Spuren seines Werkes zu finden und zu verstehen. Mit jedem Wort, das ich las, formten sich in meinem Kopf zusammenhängende Sätze, die mir eine größere Wahrheit über mein Leben offenbarten. Seine Philosophie war das, was ich immer schon geglaubt hatte, aber nie in dieser Komplexität hätte formulieren können.

»Manche sagen, Existenzialismus sei mehr eine Stimmung als eine Philosophie und er lasse sich auf einige zum Weltschmerz neigende Romanciers des 19. Jahrhunderts zurückführen; oder auch auf Blaise Pascal im 17. Jahrhundert, dem die Stille des unendlichen Raums Angst machte... Mit anderen Worten: Der Existenzialismus habe mit all jenen zu tun, die unzufrieden, rebellisch oder der Welt und dem Leben entfremdet sind.«[79] Sartre beschäftigte sich, wie auch viele Philosophen vor und nach ihm, mit den Grundbedingungen des menschlichen Lebens. »Vor allem aber hatte er ein großes Thema: die Frage, was es bedeutet, frei zu sein.«[80]

Die Antwort präsentiert sich in dem nicht unkomplizierten Aphorismus: »Die Existenz geht der Essenz voraus.« Der Satz, den ich notorisch wieder und wieder in Tagebücher schrieb und den ich auf Koks in Übergröße mit Edding an meine Wand in Ostberlin gekritzelt habe. Eine konstante Erinnerung an das, was wirklich zählt.

Sartre baut seine existenzialistische Philosophie auf Arthur Schopenhauers Verständnis auf, dass der Mensch in die Welt geworfen wird. Das bedeutet, dass die Geburt, der Wurf ins Leben, eine Entscheidung ist, die der Mensch nicht beeinflussen kann. Ab dem Zeitpunkt der Geburt muss der Mensch seine Persönlichkeit, seine Werte, seine Essenz selbst erschaffen. Die Existenz des Menschen steht also vor der Essenz des Menschen.

Dieser Gedanke war damals revolutionär, denn im Christentum und in vielen älteren westlichen Philosophien glaubte man, es sei eigentlich umgekehrt. Gott erschafft einen Menschen, mit seiner Persönlichkeit und seinen Stärken und Schwächen, er kreiert die Essenz, bevor der Mensch dann existiert. Es ist eine Auseinandersetzung um die Fragen: Gibt es Schicksal, sind wir determiniert, können wir etwas an der Situation, in die wir hineingeboren wurden, ändern, sind wir im Endeffekt frei?

Sartre glaubt an eine furchterregende, überfordernde, aber auch berauschende Freiheit. Große Freiheit geht jedoch mit großer Verantwortung einher. Wenn es keinen Gott gibt, keine höhere Macht, die für meine Handlungen verantwortlich ist, dann liegt alles an mir selbst.

Im Existenzialismus ist der Mensch ein unfertiges Wesen. Sartre unterscheidet zwischen den französischen Verben *être* und *devenir. Être* bedeutet »sein«, also einen festen, unveränderlichen Zustand. *Devenir* bedeutet »werden«, meint dabei aber nicht das »Ich werde morgen lesen«, das sich auf die Zukunft bezieht, sondern einen nicht abgeschlossenen aktiven Zustand vergleichbar mit dem englischen »becoming«. Für Sartre ist ein Mensch weder mutig noch ängstlich noch stark, denn jeder kann sein Leben und damit auch seine Essenz in jedem Moment verändern. Er glaubte, dass unser Wesen nicht durch die Außenwelt definiert sei, sondern dass wir die Wahl haben, in jeder Sekunde unseres Lebens zu werden, wer wir sein möchten. Das Leben ist kein fester Zustand, kein *Sein,* nichts bleibt, nichts *ist.* Die wirklich feste *Essenz* des Menschen wird erst am Ende des Lebens ersichtlich. Alles ist abgeschlossen, er kann nichts mehr verändern, der Mensch *wird* nicht mehr, er *ist.* Niemand hat vorherbestimmt, was die Summe seines Lebens sein wird, er hat es selbst erschaffen.

Sartres Philosophie war das, was ich mein ganzes Leben lang gesucht hatte – ein Blick aufs Leben, der alles möglich erscheinen lässt, ein selbstbestimmtes, freies Leben zwischen seltsamen Gedichten, nackten Menschen und funkelnden Cocktails.

Wie sonst auch lag ein Buch in meinen Händen. Ich lehnte mich gegen die kühle graue Mauer vor dem Eingang des Parks. Menschen schwirrten um mich herum wie kleine bunte flitzende Punkte. Céline stand vor mir und lachte mich an. Irgendwas an ihr war anders, sie war echt. Ich wollte echte Menschen kennenlernen. Mich interessierte das bedrückende Gefühl, das zwischen den großen Fragen hing. Ich wollte wissen, wer sie war und was sie berührte. Wir waren gefangen in der Leere, es gab keinen Sinn und keine Hoffnung, nur uns, die anderen und unsen rastlosen Verstand.

Was also verbarg sich hinter Célines Äußerem? Manchmal fragte ich mich, ob ich das wirklich wissen wollte oder ob ich sie auch nur romantisierte. Wir liefen herum, kauften Bier und setzten uns auf die Wiese des Freilichtkinos. Ich mochte Bier nicht, doch es passte zu ihr. Wir rauchten Zigaretten und schwärmten von den düsteren Techno-Clubs Berlins. Sie liebte Berlin, so wie ich Paris vergötterte.

Sie hatte Jura studiert, doch das war ihr zu kalt. Sie war an einer Filmhochschule und machte Musik. Sie fuhr sich durch die Locken und erzählte von ihrer Indie-Band. Sie lebte für die Musik und konnte nicht ohne ihre Gitarre. Mit ihren großen Augen blickte sie mich unsicher und hoffnungsvoll an. Ihre Familie war aus Syrien nach Frankreich gekommen, ihr Vater war sehr konservativ und wusste nichts von ihrer queeren Identität. Die Mutter wollte es dem Vater verschweigen. Céline faszinierte mich auf die Art und Weise, wie moderne, groteske Kunst mich faszinierte.

Der Film begann, doch ich war an einem anderen Ort. Ich wollte sie küssen, doch die Nervosität betäubte mich. Auf der Leinwand sind Küsse langsam, man schaut sich in die Augen, man streichelt sich. Doch in echt ist alles anders und schnell, man erhascht sich und presst die Lippen aneinander.

Sie lag an mir und berührte mich, ich wollte sie nicht sehen, nur fühlen. Wir gingen tanzen und ich war glücklich. Von außen sah der Techno-Club aus wie ein betonierter Block, innen sah alles aus wie ein altes Gefängnis. Kleine Metallzellen, in denen

Menschen Giftiges tranken und Benebelndes rauchten. Die Halle selbst war umgeben von Gitterstäben. Wir bewegten uns und alles schien sich in den Beat zu verwandeln. Ich war frei in einer Gitterzelle.

Die Männer starren uns an. Wir halten unsere Hände und sie begaffen uns, nehmen uns alles, was wir haben. Sie wollen bei uns sein und fragen uns profane Dinge. Jean ist besonders respektvoll, er sei anders, beteuert er. Er sagt, er unterstützt uns, und ist unaufdringlich. Er ist ein freundlicher Franzose, ein Jean eben. Er fragt, ob wir zusammen seien, und wir lachen. Céline geht und lässt mich kurz allein. Er kommt mir näher, fragt mich, ob ich nur auf Frauen stehe. Ich bleibe stumm, signalisiere ein nervöses Ja, nur um ihm zu zeigen, dass das mit ihm und mir gar nicht funktionieren kann. Er sagt mir, wie attraktiv er mich findet und dass er mich einladen will. Alles in meinem Körper erstarrt, ich fühle mich unbehaglich und will, dass Céline zurückkommt. Er könne mich mitnehmen und mich wieder hetero ficken. Ich will weg. Er sagt, ich sei ein Mädchen mit Wünschen nach einem Mann, Frauen seien emotional, ich würde mir ja eigentlich eine Zukunft mit Kindern wünschen, das alles sei nur sexuelle Neugier. Ich sei ein wildes junges Mädchen. Er versteht nicht, dass es andersrum ist. Ich sehne mich nach der Liebe einer Frau und habe dieses starke sexuelle Verlangen nach Männlichkeit, nach jemandem, der mich aus meiner endlosen Freiheit und Leere befreit.

Als junge Existenzialistin schrieb Simone de Beauvoir in ihr Tagebuch: »Aber ich hätte selbst auch so gerne das Recht, sehr einfach und sehr schwach zu sein, eine Frau zu sein. In was für einer

›verwüsteten Welt‹ bewege ich mich, so unfruchtbar, und die einzige Oase, die es für mich gibt, ist die brüchige Wertschätzung, die ich mir selbst entgegenbringe. Ich zähle auf mich, ich weiß, dass ich mich auf mich selbst verlassen kann. Aber ich hätte es so gern nicht nötig, mich auf mich selbst zu verlassen.«[81]

Da sind wieder diese Widersprüche, der Wunsch nach einem Sinn, einer Befreiung aus der furchterregenden und grenzenlosen Freiheit. Es ist das Paradox, das mir im Existenzialismus und im Leben immer wieder begegnet, doch vor allem ist es die Frage, was es bedeutet, eine Frau zu sein. Woher kommt das Patriarchat? Was bedeutet es, frei zu sein, ganz speziell als Frau, die durch ihre Außenwelt von Grund auf determiniert zu sein scheint?

Ende der 1920er-Jahre lernt Simone de Beauvoir durch einen gemeinsamen Studienfreund den jungen Jean-Paul Sartre kennen. Zusammen bereiten sie sich auf die Abschlussprüfung der Elitehochschule École Normale Supérieur vor. Unter den 13 angenommenen Kandidaten belegt Sartre den ersten und Beauvoir den zweiten Platz. Aus den intensiven und leidenschaftlichen Gesprächen in den Pariser Cafés der 30er-Jahre entsteht eine tiefe Verbundenheit, die die beiden bis ans Ende ihres Lebens begleiten wird. Doch ganz im Einklang mit der noch nicht ausformulierten Tradition der jungen Existenzialisten beschließen sie unter den Bäumen der Tuilerien einen Pakt, der sich legendenartig um die beiden spinnen wird: eine abgemachte offene Liebesbeziehung. Beauvoir führt in ihrer kurzen Zeit als Professorin sexuelle Beziehungen mit ehemaligen Studentinnen, sie geht mit dem amerikanischen Schriftsteller Nelson Algren ihre wahrscheinlich emotional intensivste langjährige Affäre ein. Sartre wird trotz seiner kleinen Statur und der Sehbehinderung als notorischer Frauenheld gefeiert.

Simone de Beauvoir gilt heute als eine der wichtigsten feministischen Philosophinnen, auch wenn sie selbst sich gar nicht als solche sah.

Mit ihrem feministischen Werk »Das andere Geschlecht« schockierte Beauvoir die französische Gegenwart, wurde aber auch quasi über Nacht zur umstrittensten Intellektuellen des 20. Jahrhunderts.

In ihrer Analyse verbindet sie Erfahrungen von verschiedenen Frauen sowie biologische, psychologische und soziologische Untersuchungen mit den Leitsätzen des Existenzialismus. Sie geht, wie Sartre auch, davon aus, dass alle Menschen von Natur aus frei sind, dass die Frau aber durch gesellschaftliche Anerziehung zu dem gemacht wird, was sie als Mythen der Weiblichkeit enthüllt. Für Beauvoir ist eine Frau nicht an sich sanft, ruhig oder unterwürfig, sie ist durch ihren Mangel an kritischer Reflexion und den Einfluss der Gesellschaft dazu geworden. Denn: »Man wird nicht als Frau geboren, man wird es.«[82] Auch hier steht im französischen Original: »On ne naît pas femme: on le devient.« Das Verb »devenir«, englisch »becoming«, hat hier dieselbe Bedeutung wie bei Sartre. Dieses wurde auch im Deutschen oft falsch übersetzt mit: »Man wird nicht als Frau geboren, man wird dazu gemacht.« Jedoch ist »dazu gemacht werden« ein passiver Prozess, der bedeuten würde, die Frau hätte darauf keinen Einfluss. Das widerspricht aber dem Grundprinzip der existenzialistischen Philosophie, demzufolge wir immer Einfluss auf die Person haben, die wir sind und werden. Nach Beauvoir müssen Frauen erkennen, dass sie die Möglichkeit haben, sich aus der Rolle des passiven Objekts zu befreien, hinein in die eines aktiven, handelnden Subjekts.

Beauvoir musste für ihre damals revolutionäre Erkenntnis über den Unterschied zwischen dem biologischen Geschlecht (sex) und dem sozialen (gender) mit scharfer Kritik und auch Zensur seitens der bürgerlichen und christlichen Mehrheitsgesellschaft umgehen. Neben Sartre ist Beauvoir immer die andere, die in seinem Schatten steht. Zum Teil selbstverschuldet, ihren Aussagen zufolge, Sartre sei der Philosoph, sie »nur« die Schriftstellerin, zum Teil jedoch auch aufgrund des damals und heute noch sehr präsenten Sexismus, der sie kleinmacht und ihr Werk nur als Zusatzausgabe zu Sartres theoretischem philosophischen Werk sieht.

»Das andere Geschlecht kann als das einflussreichste Werk der existenzialistischen Bewegung überhaupt betrachtet werden«,[83] so die englische Autorin Sarah Bakewell. »Simone de Beauvoir übertrumpfte mit ihrem Opus magnum Sartres *Das Sein und das Nichts* durch ein feines Gespür für die Balance zwischen Freiheit und Zwang. Sie zeigte, wie sich Entscheidungen, Einflüsse und Gewohnheiten im Lauf eines Lebens summieren und eine Struktur schaffen, aus der man sich nur schwer befreien kann… Sie arbeitete heraus, wie schwierig es ist, aus solchen Situationen auszubrechen – auch wenn sie nie daran zweifelte, dass wir trotz allem existenziell frei bleiben. Frauen sind in der Lage, ihr Leben zu verändern, und deshalb lohnt es sich, Bücher zu schreiben, um ihnen das bewusst zu machen.«[84]

Céline kommt zurück, ich nehme ihre Hand und ziehe sie weg von Jean und den anderen Männern. Ich verstehe, dass meine philosophische Welt ganz weit weg ist von den Menschen, von der Realität. Am nächsten Morgen wache ich neben ihr auf und verabschiede mich von ihr. Aber es gibt einen kleinen Unterschied zwischen »Au revoir« und »Adieu«.

In mir bleibt diese Leere, diese Einsamkeit. Sie ist nicht bedrängend, nicht bewertend, sie ist einfach da. Ich denke an absurde Fantasien und Philosophen und an den französisch-algerischen Schriftsteller Albert Camus und sein Verständnis von Sinnhaftigkeit im Leben.

Camus' Philosophie beschäftigt sich mit dem, was er den »absurden Konflikt« nennt. Sein Ausgangspunkt ist ein sinnleeres Universum, basierend auf Friedrich Nietzsches Postulat »Gott ist tot«. In dieser Welt besitzt auch das menschliche Leben keinen real existierenden oder allgemeingültigen Sinn mehr. Menschen definiert er aber als sinnsuchende Wesen. Damit beschreibt er einen grundlegenden Widerspruch in der menschlichen Natur: den hoffnungsvollen, nach Sinn suchenden Menschen, der gleichzeitig erkennt, dass es diesen gar nicht gibt. Diese Erkenntnis und den Bewusstseinszustand nennt Camus das Absurde. Seine Philosophie wird häufig als Reflexion über den »Tod Gottes« gesehen, er bleibt jedoch nicht wie Nietzsche im Nihilismus gefangen, sondern sucht eine Möglichkeit, mit dieser bedrückenden Erkenntnis über die Absurdität des Lebens umzugehen.

In seinem berühmten Essay »Der Mythos des Sisyphos« vergleicht er die Menschen mit der mythologischen Figur Sisyphos. Dieser wurde von den griechischen Göttern bestraft und musste immer wieder einen großen Stein den Berg hochrollen. Wenn er oben angelangt war, rollte der Stein wieder hinunter und Sisyphos musste von Neuem anfangen. Camus glaubte, unser Leben gleiche dieser »Sisyphosaufgabe«: Wir lebten vor uns hin mit dem absurden Bewusstsein, dass unser Leben doch letztendlich keinen höheren Sinn hat.

»Ich kann alles leugnen, nur nicht das Verlangen nach Einheit, den Drang, Lösungen zu finden, den Anspruch auf Klarheit und innere Stimmigkeit. Ich kann alles widerlegen in dieser Welt, die mich umgibt, die mich abstößt oder begeistert, nur nicht dieses Chaos, diesen König Zufall. Manchmal stürzen die Kulissen ein. Aufstehen, Straßenbahn, vier Stunden Büro oder Fabrik, Essen, Straßenbahn, vier Stunden Arbeit, Essen, Schlafen, Montag, Dienstag, Mittwoch, Donnerstag, Freitag, Samstag, immer derselbe Rhythmus – das ist meist ein bequemer Weg. Eines Tages aber erhebt sich das ›Warum‹, und mit diesem Überdruss, in den sich Erstaunen mischt, fängt alles an.«[85]

Camus beendet seinen Essay mit der widersprüchlich scheinenden Aussage: »Wir müssen uns Sisyphos als einen glücklichen Menschen vorstellen.« In diesem Satz liegt die einzig logische Auflösung des absurden Konflikts über die Sinnlosigkeit. Denn Sisyphos ist glücklich, weil er erkannt hat, dass sein Schicksal ihm gehört. Er kann nicht ändern, dass er diesen Stein hochrollen muss, genauso wie wir nicht ändern können, dass wir in diesem gottlosen und leeren Universum leben. Was wir aber ändern können in dieser absurden Situation, ist unser Umgang mit dem, was wir nicht ändern können. »Das Glück des Sisyphos, der im Bewusstsein des Absurden und ohne jede Hoffnung seinen

Stein schiebt, besteht darin, dass er das Schicksal rebellisch annimmt und jeden Zentimeter des beschwerlichen Weges bis zum Letzten auskostet.«[86] Nach Camus sollen wir unsere Existenz und jeden Moment in all seinen unterschiedlichen Facetten intensiv erleben, spüren und genießen. Denn wie Jean-Paul Sartre glaubt auch er, dass diese Sinnfreiheit eine Befreiung ist. Nichts und niemand spielt eine Rolle, wir allein können unser Leben bestimmen und ihm unseren Sinn verleihen.

Ich steige aus der Metro aus, gehe vorbei an Blumengeschäften und leeren Cafés und laufe durch die Steintore des Cimetière du Montparnasse. Ich komme vorbei an großen Denkmalgräbern von Kriegshelden, bis ich vor einem beigen schlichten Stein stehe, auf dem geschrieben steht: »Jean Paul Sartre 1905–1980« und darunter »Simone de Beauvoir 1908–1986«. Ich weiß nicht, was ich dort suche, bloß dass meine Traurigkeit mich zerdrückt wie Sandsteine. Alles, was sich hinter den Vorhängen meiner Augen verborgen hat, kullert heraus. Voller Hoffnung und Verzweiflung lese ich den Ausschnitt aus Beauvoirs Autobiografie, der hier bei ihrem Begräbnis vorgelesen wurde: »Manchmal ist mir der Gedanke, mich ins Nichts aufzulösen, genauso abscheulich wie früher. Voller Melancholie denke ich an all die Bücher, die ich gelesen, an all die Orte, die ich besucht habe, an das Wissen, das sich angehäuft hat und das nicht mehr dasein wird. Die ganze Musik, die ganze Malerei, die ganze Kultur, so viele Bindungen: plötzlich bleibt nichts mehr. Es ist kein Honig, niemand kann sich davon ernähren. Wenn man meine Bücher liest, wird der Leser bestenfalls denken: Sie hat aber viel gesehen! Aber dieses einzigartige

Ganze, meine persönliche Erfahrung mit ihrer Folgerichtigkeit und ihren Zufällen – die Pekinger Oper, die Stierkampfarenen von Huelva, der condomblé von Bahia, die Dünen von El Ould, die Wabansia Avenue, die Morgendämmerung der Provence, Tyrinthos, Castro, der zu fünfhunderttausend Kubanern spricht, ein schwefelgelber Himmel über einem Wolkenmeer, die purpurroten Buchen, die weißen Nächte von Leningrad, die Glocken der Befreiung, ein orangefarbener Mond über dem Piräus, eine rote Sonne, die über der Wüste aufgeht, Torcello, Rom, alle die Dinge, von denen ich erzählt habe, andere, die ich verschwiegen habe – das alles wird niemals wieder auferstehen.«[87]

Es war die Vergänglichkeit, die mich hier und jetzt und vielleicht auch an jedem anderen Tag so verschlang. Ich wollte nicht begreifen, dass jeder Moment endete, auch die kostbarsten, vollkommenen und berauschenden Momente waren geprägt von der zeitlichen Grenze. Doch mit dem Verrauschen dieser Zeit, mit dem Blick zur kahlen Wand, mit dem Vertrocknen meiner Tränen spüre ich diese Akzeptanz. Ich frage mich: Wieso haben wir so große Angst vor dem Tod, wenn er uns jeden Tag im Kleinen begegnet? Jedes Ende, jede zeitliche Grenze ist eine Vollendung und ein Neuanfang. Nichts bleibt stehen.

Der Existenzialismus ist meine Befreiungsphilosophie. Aus der Einsamkeit, aus der Trauer, aus der Unzulänglichkeit, aus all dem, was mich immer wieder begleitet und bedrückt. Sich mit Jean-Paul Sartre, Albert Camus, Simone de Beauvoir, Maurice Merleau-Ponty, Edmund Husserl oder Martin Heidegger, mit Literatur, mit Poesie, mit Philosophie zu beschäftigen, ist nicht typisch für die Generation Z. Doch wir sind die Generation, die

Widersprüche so stark vertritt wie vielleicht keine vor uns. Wir sind die traurige Generation mit den glücklichen Bildern, die großen Träumer mit den psychischen Problemen. Wir sind die Individualisten, die alle gleich aussehen. Wir sind die gut gebildete und doch oft so naive Generation. Widersprüchlichkeit liegt, wie bei allen Menschen, am Grund unserer Existenz. Deswegen verknüpfe ich den Existenzialismus sehr eng mit uns und unserer überfordernden und ausweglos scheinenden Lebensrealität. Der Existenzialismus erkennt die klaffenden Abgründe, zwischen denen wir uns befinden, und bietet uns Wege an, um mit ihnen umzugehen. Manchmal muss man Widersprüche, große Fragen und Gefühle einfach existieren lassen, einfach akzeptieren, sie in die Hand nehmen, umdrehen und weiterleben.

UND JETZT?

Am Ende stehe ich vor diesen Worten. So viele Fragen, die ich gestellt habe, Antworten, die ich gefunden habe, und noch viel mehr Probleme, die ich gar nicht lösen kann, die so riesengroß sind, dass wir alle das Gefühl haben, wir können nichts verändern, nichts tun. Es wird so vieles geben, was unsere Generation bedrückt und was ich nicht mit einem Wort, nicht mit einem Atemzug erwähnt habe. Ich stehe vor der Frage: Und jetzt?

Es gibt für mich keine klare Antwort, nur ein Lebensgefühl von Hoffnung auf einen neuen Tag, auf eine neue Welt, es ist die Triebkraft, die in der Unzufriedenheit liegt. Es ist die Definition, die ich ganz am Anfang schon getroffen habe: Wir sind orientierungslos, einsam und überfordert. Aber wir sind auch frei und selbstbewusst und wir haben alle Möglichkeiten.

Im Widerspruch liegt unsere Kraft, denn was uns immer bleibt, in jedem Augenblick, ist das endlose Streben nach einer besseren Welt, nach einem höheren Selbst. Für mich gilt heute und für den Rest meines Lebens:

> *always chasing high*
> *rise buildings*
> *and rising high*
> *hopes*
> *for a better future*
> *for a better me*

MENSCHEN AUF MEINEM WEG – WEM ICH DANKEN MÖCHTE

Im Winter 2005 saß eine kleine vierjährige Valentina unter einem bekritzelten Hochbett umhüllt von blauen Kuscheldecken. Ich hatte Papier aus dem Drucker geklaut, Mickey Mouse und seine Freunde aufgemalt und die Seiten mit Tesafilm zusammengeklebt. Ein bisschen stolz und mit einer kindlichen Selbstverständlichkeit rannte ich zu meiner Mutter und kündigte an, heute müsse sie mir und meiner kleinen Schwester keine Gutenachtgeschichte erzählen, ich würde meine eigene vorlesen. Im Licht der mondförmigen Ikea-Lampe erzählte ich meiner Schwester und einer Armee aus Kuscheltieren die Abenteuer, die die kleine schwarze Maus in meiner Welt erlebte. In meinen Kinderhänden lag der Vorvorgänger dessen, was nur wenige Jahre später zu meinem größten Traum wurde: ein eigenes Buch zu schreiben. Wenn die Eltern mich beim Vorlesewettbewerb in der zweiten Klasse fragten, was ich mal werden wollte, dann sagte ich nur ein einziges Wort: Autorin.

Ich wollte Geschichten erzählen, mir Fantasiewelten ausdenken und mich in ihnen verlieren. Dass sich aus diesem einen Grundbedürfnis nach dem Schreiben, den Worten und später der Poesie über die Jahre ein Netz aus YouTube-Videos, digitaler Kunst, Lyrik, Fashion, Freundschaft, Journalismus und Politik entwickeln würde, konnte ich nicht wissen. Klar ist, diese sich manchmal belanglos oder beliebig anfühlenden Dinge haben mich zu dem zurückgebracht, was am Beginn stand: einem großen Traum, einem Lebensweg, an dessen Anfang ich jetzt mit diesem Buch stehe.

Ich möchte meinem jüngeren Ich danken, für das rastlose Träumen, für die Hoffnung, die auch in Zeiten der größten Verzweiflung nie ganz verschwunden ist, und für den immerwährenden Glauben an die Freiheit und an den Menschen, der ich noch werden kann. Ohne den Mut dieser kleinen Person in der aufgeblasenen Vorstadt wären so viele Dinge nie passiert und ich wäre heute nicht die junge Frau, die ich bin.

Ich bin all den Menschen so unfassbar dankbar, die mich bis jetzt auf diesem Weg begleitet haben, die trotz allem – dem Chaos, der Leere und der Provokation – weiterhin an mich geglaubt haben.

Ich möchte Ulrich Ehrlenspiel danken, der mich, an einer Breze knabbernd, unter Kinosälen und Konferenzzentren gefragt hat, ob ich schon mal überlegt hätte, ein Buch zu schreiben. Ich danke ihm für seinen Glauben an mich als junge Erstautorin und die Freiheit, die er und das Team vom Gräfe und Unzer Verlag mir im Bezug auf dieses Projekt gegeben und zugetraut haben. Ich danke Ariane Hug, der coolsten Redakteurin, die man sich vorstellen kann, die immer neue Ideen und einen guten Rat für mich parat hatte, wenn ich mich von den damals noch leeren 190 Seiten überfordert fühlte. Ich danke Daniela Weise, meiner Lektorin, für ihre Offenheit meinem Text gegenüber, für ihre kritischen Hinweise und wie sie meine manchmal wirren Gedanken verstand und mir half, sie glattzubügeln.

Ich möchte den drei Lehrerinnen danken, die meine durch Teenagergefühle verdrängte Liebe zur Literatur und Sprache wiederbelebten und mir halfen, eine kritisch denkende, autonome und kreative junge Frau zu werden: Frau Hutmacher, die durch Hieronymus-Bosch-Analysen, Camus-Essays und die Liebe zum absurden Theater meine Faszination für das Dunkle und Morbide im Menschen verstärkte und prägte. Frau Spieker, die mich mit ihrer Faszination für Philosophie, für Sartre und Beauvoir ansteckte. Nicht zuletzt möchte ich Frau Böhm danken, unendlich und unfassbar, weil ihr Glaube und ihre Anforderung an das, was Literatur sein und bewirken kann, mich zu dem Menschen gemacht haben, der ich heute bin.

Ich danke meiner Managerin Christiane Schreitmüller, die zugleich große Schwester, Mentorin und Katastrophenhilfe ist und die mich seit meinem 16. Geburtstag durch alles – von Herzschmerzbeziehungen bis hin zu Businessentscheidungen – begleitet hat. Danke an meine Mom, meine Waui, meinen Papa, meinen Achi, die mir Flügel gegeben haben, mir das Fliegen beigebracht haben und mich dann voller Liebe losgelassen haben. Danke an Lena, meine kleine Schwester und mein erstes Publikum. Auch wenn sie es vielleicht nicht weiß, wird sie immer einen großen Platz in meinem Herzen haben. Danke an meine besten Freundinnen, Seraphia, Abora, die seit 20 Jahren immer da waren und weiter an mich glauben, wenn ich es selbst gerade nicht kann.

Als Letztes möchte ich all den wundervollen Menschen danken, die mir im Internet und in der echten Welt folgen. Die alles mitgemacht haben, ValentinaAbroad in Las Vegas, Valentina in

Brandy-Melville-Top und skinny Jeans in München, im Abi-Stress, Valentina mit bunten Haaren, verheult, halb geoutet auf der Pride Parade und schließlich die Valentina, die heute diese letzten Worte schreibt. Danke, dass ihr mitgegangen seid, danke für alles. Ohne euch würden meine Gedanken heute noch einsam in meiner Notes-App ruhen.

ANMERKUNGEN

Social-Media-Sucht ist profitabel

1   https://www.tagesspiegel.de/gesellschaft/medien/tv-doku-
    ueber-die-generation-selfie-leben-fuer-die-likes/24947892.html
    zuletzt aufgerufen am 2.12.2020

2   https://www.dw.com/en/instant-gratification-and-the-pursuit-
    of-perfection-why-our-brains-love-instagram/a-50039609
    zuletzt aufgerufen am 2.12.2020

3   http://www.continue-magazin.at/lass-dich-nicht-von-social-
    media-kaputt-machen/ *zuletzt aufgerufen am 2.12.2020*

4   https://www.pbs.org/wgbh/frontline/film/generation-like/
    zuletzt aufgerufen am 25.2.2021

Die psychische Krise

5   Twenge, Jean M.: Me, My Selfie and I. Was Jugendliche heute
    wirklich bewegt, Mosaik Verlag, S. 148

6   Ebenda, S. 125

7   Ebenda, S. 131

8   Ebenda, S. 168

9   https://twitter.com/colingotjokes/status/929862019234324481?
    lang=en *zuletzt aufgerufen am 26.2.2021*

Informatiklehrer ohne Ausbildung

10 https://www.microsoft.com/de-de/berlin/artikel/futurework-
    2019-interview-mit-verena-pausder.aspx *zuletzt aufgerufen am
    25.2.2021*

Raus aus dem Casino, rein in den Sturm

11 Twenge, Jean M., ebenda, S. 125

12 Twenge, Jean M., ebenda, S. 135

Eine Beziehung wie zu Gott?

13 JIM – Jugend, Information, (multi) Media, S. 30

Kooperationen und die Sache mit dem Geld

14 https://www.ibusiness.de/aktuell/db/671163jg.
html#:~:text=Bis%202021%20prognostiziert%20der%20
Report,zusammen%20auf%20190%20Millionen%20Euro
zuletzt aufgerufen am 7.6.2021

15 Schink, Nena: Unfollow. Wie Instagram unser Leben zerstört,
Eden Books, S. 109

16 Schink, Nena, ebenda, S. 112

Rollenbilder

17 https://www.spiegel.de/panorama/leute/maria-furtwaengler-
dieses-uniforme-frauenbild-ist-alarmierend-a-1250223.html
zuletzt aufgerufen am 27.2.2021

18 https://www.zeit.de/gesellschaft/2019-01/
geschlechterdarstellung-soziale-medien-frauen-studie *zuletzt
aufgerufen am 27.2.2021*

Einfluss, Blasen und die Welt

19 https://www.nytimes.com/2019/07/16/technology/vidcon-social-
media-influencers.html *zuletzt aufgerufen am 27.2.2021*

20 Ebenda

21 Ebenda

22 https://www.welt.de/kultur/plus222124600/Wie-ich-mich-
einmal-bei-einer-Influencerin-alt-fuehlte.html *zuletzt aufgerufen am 7.1.2021*

23 Ebenda

24 Ebenda

Online Love

25 https://www.cosmopolitan.de/dating-app-tinder-tinder-im-test-
es-hat-uns-erwischt-62797.html *zuletzt aufgerufen am 27.2.2021*

26 https://www.tagesspiegel.de/gesellschaft/interview-mit-eva-illouz-warum-haben-die-menschen-immer-weniger-sex/24376458.html *zuletzt aufgerufen am 27.2.2021*

27 https://link.springer.com/article/10.1007/s10508-017-0953-1 *zuletzt aufgerufen am 27.2.2021*

28 https://www.theguardian.com/media-network/media-network-blog/
2014/jan/17/tinder-dating-psychology-technosexual *zuletzt aufgerufen am 27.2.2021*

29 https://medium.com/@whitneyvmorgan/a-social-psychologist-explains-how-tinder-has-become-a-real-addiction-ffa18ce4ff17 *zuletzt aufgerufen am 27.2.2021*

Generation Porno, Sex und Macht

30 https://www.faz.net/aktuell/feuilleton/debatten/generation-porno-zu-wild-zu-hart-zu-laut-13197193-p2.html *zuletzt aufgerufen am 13.10.20*

31 https://www.tk.de/techniker/magazin/lifestyle/liebe-sex-partnerschaft/mypornme/zehn-nackte-tatsachen-zu-pornografie-2090126 *zuletzt aufgerufen am 1.3.2021*

32 Konrad, Sandra: Das beherrschte Geschlecht. Warum sie will, was er will, Piper Verlag, S. 146

33 https://www.refinery29.com/en-us/what-is-bdsm-sex-aftercare *zuletzt aufgerufen am 14.10.20*

34 Konrad, Sandra, ebenda, S. 148

35 Konrad, Sandra, ebenda, S. 135

36 Konrad, Sandra, ebenda, S. 134

37 Konrad, Sandra, ebenda, S. 134

Schönheitsideale und Sexualisierung

38 https://www.youtube.com/watch?v=wOgOTY1jG3w *zuletzt aufgerufen am 27.9.2020*

39 Ebenda

40 Ebenda

41 https://www.neues-deutschland.de/artikel/1139676.ich-mache-das-worauf-ich-lust-habe.html *zuletzt aufgerufen am 27.9.2020*

42   Hartmann, Uwe: Sigmund Freud and His Impact on Our Under-
     standing of Male Sexual Dysfunction, in: Journal of Sexual
     Medicine, July 2009

Princess Culture

43   Hains, Rebecca: The Princess Problem. Guiding Our Girls
     Through the Princess-Obsessed Years, Sourcebooks

44   https://news.byu.edu/news/disney-princesses-not-brave-enough
     zuletzt aufgerufen am 17.1.2021

45   Ebenda

46   https://www.goodreads.com/author/quotes/15569.Peggy_
     Orenstein *zuletzt aufgerufen am 17.1.2021*

47   Ebenda

48   https://www.bustle.com/p/the-complicated-empowering-messy-
     history-behind-our-obsession-with-princesses-8717119 *zuletzt
     aufgerufen am 17.1.2021*

49   Ebenda

Zwischen Holzzahnbürsten und Flugreisen

50   https://www.welt.de/politik/deutschland/article187701430/
     Fridays-for-Future-Jugendforscher-Klaus-Hurrelmann-ueber-
     Schulstreiks.html *zuletzt aufgerufen am 23.1.21*

51   https://www.amnesty.de/informieren/aktuell/meine-generation-
     hat-eine-aktivismus-explosion-durchlebt *zuletzt aufgerufen am
     1.3.2021*

Parteipolitik und Generationenkonflikt

52   https://www.welt.de/politik/deutschland/article187701430/
     Fridays-for-Future-Jugendforscher-Klaus-Hurrelmann-ueber-
     Schulstreiks.html *zuletzt aufgerufen am 2.3.2021*

53   https://ypolitik.de/podcast/politisierte-generation-z-wie-wir-
     den-generationenkonflikt-vermeiden/ *zuletzt aufgerufen am
     21.1.2021*

54   https://www.bpb.de/nachschlagen/zahlen-und-fakten/
     bundestagswahlen/205686/wahlbeteiligung-nach-
     altersgruppen *zuletzt aufgerufen am 1.6.2021*

55 https://www.shell.de/about-us/shell-youth-study/_jcr_content/
    par/toptasks.stream/1570708341213/4a002dff58a7a9540cb9e
    83ee0a37a0ed8a0fd55/shell-youth-study-summary-2019-de.pdf
    zuletzt aufgerufen am 1.6.2021

56 https://www.unicef.org/sites/default/files/2020-07/Digital-civic-
    engagement-by-young-people-2020_4.pdf *zuletzt aufgerufen
    am 21.1.2021*

57 https://www.cicero.de/innenpolitik/jugend-fridays-for-future-
    bewegung-parteien-generationenkonflikt *zuletzt aufgerufen am
    21.1.2021*

58 https://die-generation-z.de/generation-z-und-politiker-warum-
    sie-nicht-zueinander-finden/ *zuletzt aufgerufen am 21.1.2021*

59 Ebenda

60 Ebenda

61 Ebenda

Generation Merkel

62 https://www.zeit.de/2021/04/kanzlerkandidaten-armin-laschet-
    annalena-baerbock-olaf-scholz-charisma/seite-3 *zuletzt auf-
    gerufen am 3.3.2021*

63 https://sz-magazin.sueddeutsche.de/politik/die-wahrheit-ueber-
    die-generation-merkel-86519 *zuletzt aufgerufen am 3.3.2021*

64 Ebenda

65 Ebenda

66 Rechtsextremisten, Nazis und andere antidemokratische und/
    oder gewaltbereite Gruppen ausgenommen

Drogen, Meritokratie und Transzendenz

67 Twenge, Jean M.: Me, My Selfie and I, Was Jugendliche heute
    wirklich bewegt, Mosaik Verlag, S. 61

68 Twenge, Jean M., ebenda, S. 62

69 Twenge, Jean M., ebenda, S. 63 (Zahlen für Deutschland)

70 Twenge, Jean M., ebenda, S. 65

71 Twenge, Jean M., ebenda, S. 47

72 Twenge, Jean M., ebenda, S. 69

73 JIM – Jugend, Informationen, 2006, S. 6, 2017, S. 11

74 https://www.theguardian.com/society/2018/jul/21/generation-z-has-different-attitudes-says-a-new-report *zuletzt aufgerufen am 3.3.2021*

75 https://www.addictioncenter.com/news/2019/08/gen-z-loneliest-generation/ *zuletzt aufgerufen am 3.3.2021*

76 https://www.focus.de/gesundheit/ratgeber/psychologie/einsame-gefahr-infiziert-im-abseits_id_8550692.html *zuletzt aufgerufen am 3.3.2021*

77 Tolentino, Jia: Trick Mirror, Reflections on Self-Delusion, Harper Collins Publ., S. 143

Eingekapselt in Musik

78 https://www.ypulse.com/article/2019/06/11/3-trends-shaping-gen-zs-taste-in-music/

Zum Glück hat das Leben keinen Sinn

79 Bakewell, Sarah: Das Café der Existenzialisten. Freiheit, Sein und Aprikosencocktails, C. H. Beck Verlag, S. 13

80 Bakewell, Sarah, ebenda, S. 18

81 https://www.emma.de/artikel/simone-de-beauvoir-herrin-des-eigenen-schicksals-263556 *zuletzt aufgerufen am 3.6.2021*

82 Beauvoir, Simone: Das andere Geschlecht, rororo Taschenbuch, S. 334

83 Bakewell, Sarah, ebenda, S. 238

84 Bakewell, Sarah, ebenda, S. 245

85 https://www.deutschlandfunkkultur.de/lange-nacht-ueber-jean-paul-sartre-und-albert-camus-fremd.1024.de.html?dram:article_id=415455 *zuletzt aufgerufen am 8.6.2021*

86 Ebenda

87 Beauvoir, Simone: Der Lauf der Dinge, rororo Taschenbuch, S. 622

IMPRESSUM

© 2021 GRÄFE UND
UNZER VERLAG GmbH, Postfach
860366,
81630 München

GRÄFE UND UNZER

Gräfe und Unzer ist eine eingetragene
Marke der
GRÄFE UND UNZER VERLAG GmbH,
www.gu.de

ISBN 978-3-8338-7876-3
3. Auflage 2021

Projektleitung: Ariane Hug
Lektorat: Daniela Weise
Umschlaggestaltung
und Layout: ki 36 Editorial Design
Herstellung: Markus Plötz
Satz: Uhl + Massopust, Aalen
Reproduktion:
Ludwig Media, Zell am See
Druck und Bindung:
C.H. Beck, Nördlingen

Umwelthinweis:

Nachhaltigkeit ist uns
sehr wichtig. Der Rohstoff Papier ist
in der Buchproduktion hierfür von
entscheidender Bedeutung. Daher ist
dieses Buch auf PEFC-zertifiziertem
Papier gedruckt. PEFC garantiert,
dass ökologische, soziale und öko-
nomische Aspekte in der
Verarbeitungskette unabhängig
überwacht werden und lückenlos
nachvollziehbar sind.

Syndication:
www.seasons.agency

Wichtiger Hinweis

Die Gedanken, Methoden und Anre-
gungen in diesem Buch stellen die
Meinung bzw. Erfahrung der Verfasse-
rin dar. Sie wurden von der Autorin
nach bestem Wissen erstellt und mit
größtmöglicher Sorgfalt geprüft.
Sie bieten jedoch keinen Ersatz für
persönlichen kompetenten medizini-
schen Rat. Jede Leserin, jeder Leser
ist für das eigene Tun und Lassen
auch weiterhin selbst verantwortlich.
Weder Autorin noch Verlag können
für eventuelle Nachteile oder Schä-
den, die aus den im Buch gegebenen
praktischen Hinweisen resultieren,
eine Haftung übernehmen.

GRÄFE
UND
UNZER

Ein Unternehmen der
GANSKE VERLAGSGRUPPE